남미의 101가지 매력

서문

'왜 남미여행을 선택했어요?'

첫 여행을 끝내고 한국으로 돌아온 후 가장 많이 들었던 질문입니다. 사실 큰 이유는 없었습니다. 우리나라 직장인이면 누구나 느끼듯이 몇 년이 지나도 똑같을 것 같은 직장생활을 탈출해 나만의 시간을 가지고 싶었고, 그 방법으로 택한 것이 1년간의 여행이었죠. 어디로 여행갈까 생각해 보니 아시아, 유럽은 평소에 갈 수 있을 것 같고, 아프리카는 제 스타일이 아닌 것 같더군요. 최종 선택한 곳은 남미. 문화와 역사는 물론 어떤 여행지가 있는지도 거의 몰랐지만, 워낙 먼 곳이라 이런 기회가 아니면 가기 힘드니까요.

하지만 남미에 가 보지 않은 대부분 사람이 그렇듯 덜컥 겁이 나더군요. '거기 정말 위험하다던데, 가면 바로 총 맞는 것 아냐?' 그래서 말이 통하면 나을 것 같아 밤마다 스페인어를 공부했습니다. 현지인들과 어울리기 위해 살사를 배우고, 평생 못하던 수영도 배웠죠. 그렇게 준비한 후 찾아간 남미. 그런데 이게 웬걸? 그렇게 위험하다는 남미도 사람 사는 곳이라 조금만 조심하면 별문제 없더군요. 그리고 어디를 가나 이방인에 대한 호기심에 눈을 반짝이며 다가오는 현지인들 덕분에, 세상 어떤 곳을 갔을 때보다 마음이 푸근했습니다. 거기에 처음 접하는 남미의 문화와 예술은 제가 몰랐던 커다란 신세계가 있다는 것을 알게 해 주었습니다. 무엇보다 놀라운 것은 남미의 대자연. 사막부터 설

산, 호수와 빙하, 초원과 에메랄드빛 바다까지. 여행자가 꿈꾸는 모든 자연이 남미에 있었습니다. 결국, 8개월을 남미에서 보내게 되었습니다.

한국에 돌아온 뒤에는 남미가 늘 그립고, 세상 그 어떤 곳을 봐도 남미가 생각났습니다. 그래서 남미로 돌아가고, 또 돌아가게 되었죠. 이 책에는 세 차례에 걸쳐 1년 넘게 여행한 남미의 모든 것이 담겨 있습니다. 대자연과 소도시, 유적과 미술관, 축제와 음식까지. 페이지에 한계가 있어서 더 많이 적을 수 없다는 것이 아쉬울 뿐입니다. 하지만 이 책을 통해서 지구 반대편에 어떤 세상이 있는지 간접적으로 느낄 수 있을 것입니다. 그리고 언젠가 이 아름다운 세상을 여러분이 직접 찾아가 온몸으로 느끼고 경험할 날이 찾아오기를 바랍니다.

부족한 저를 아끼고 챙겨주시는 문종훈, 정태윤, 김용갑, 이성호, 이경일, 송제훈, 김영진, 최창선 등 SK의 여러 선배님과 입사동기들, 그리고 영수, 희원이, 상연이 등 후배들, 항상 좋은 조언을 주시는 장근호, 김용욱, 배상민 형님은 저에게 든든한 힘이 되어 주었습니다. 그리고 남미에서 만난 인연인 남미사랑, 칸쿤 쉼터, 린다비스타 식구들은 남미를 제2의 고향처럼 느끼게 해 주었습니다. 아울러 책을 열심히 준비해 주신 슬로래빗 식구들에게도 감사합니다. 가장 큰 지원군인 제 형도 빼놓을 수 없겠죠. 다시 한 번 진심으로 감사드립니다.

Index

서문 ... 4

페루 - 잉카의 길을 걷다
- **001** 구름 속을 걷다, 와라스 69호수 ... 13
- **002** 남미의 관문, 리마 ... 19
- **003** 사막을 달리며, 이카 버기 투어 ... 23
- **004** 잉카의 심장, 쿠스코 ... 26
- **005** 안데스 퓨마의 머리, 삭사이와만 ... 31
- **006** 잉카의 잃어버린 도시, 마추피추 ... 35
- **007** 티티카카의 슬픈 자화상, 갈대 섬 우로스 ... 37
- **008** 새콤달콤한 페루의 맛, 세비체와 삐까로네스 ... 40
- **009** 맛도 가격도 최고, 남미의 생과일주스 ... 41

볼리비아 - 하늘과 맞닿은 알티플라노를 달리며
- **010** 한가로운 호숫가의 휴식, 코파카바나 ... 44
- **011** 이보다 더 아름다울 수 없는 티티카카, 태양의 섬 ... 49
- **012** 세상에서 가장 높은 달동네, 라파스 ... 54
- **013** 새하얀 빛의 사막, 우유니 ... 59
- **014** 안데스 산맥의 유혹, 우유니 알티플라노 ... 64
- **015** 우유니 사막의 주인, 야생동물 ... 67
- **016** 티티카카 호수의 별미, 뜨루차 ... 68
- **017** 담백한 맛의 향연, 야마 요리 ... 69

칠레 - 풍요로운 안데스의 축복
- **018** 아타카마 사막 속 오아시스, 산페드로 ... 73
- **019** 달의 계곡에 지는 석양, 아타카마 사막 ... 75
- **020** 세상에서 가장 마른 땅의 호수, 아타카마 사막 ... 79
- **021** 비상하는 칠레의 심장, 산티아고 ... 83
- **022** 태평양의 몰아치는 파도, 비냐 델 마르 ... 85
- **023** 활화산 옆 동화 속 마을, 푸콘 ... 88
- **024** 바다사자가 뒹구는 어시장, 발디비아 ... 93

025	장미의 도시, 푸에르토 바라스	95
026	쓸쓸한 항구 도시, 푸에르토 나탈레스	98
027	남미 최고의 대자연 속으로, 토레스 델 파이네	102
028	남미의 땅끝 마을, 푼타 아레나스	110
029	매력 만점, 칠레의 과일	112
030	푸짐한 바다의 맛, 칠레 해물요리	113

아르헨티나 - 거대한 대자연과 우아한 탱고의 만남

031	아르헨티노 호숫가의 산책, 칼라파테	117
032	또 다른 세상을 만나다, 모레노 빙하	120
033	바람의 땅 파타고니아를 걷다, 피츠로이 트레킹	126
034	세상의 끝에 서다, 우수아이아	130
035	안데스의 푸른 보석, 바릴로체	133
036	와인과 나무의 도시, 멘도사	136
037	과거로의 여행, 살타	139
038	음악과 예술이 넘치는 산텔모 일요시장, 부에노스 아이레스	141
039	에비타가 잠든 곳, 레콜레타	146
040	세상에서 가장 아름다운 서점, 엘아테네오	149
041	부에노스 아이레스의 가로수 길, 팔레르모	150
042	탱고의 향기에 흠뻑 젖다	152
043	무지갯빛 거리를 걸으며, 카미니토	154
044	악마의 목구멍 속으로, 이과수 국립공원	157
045	차원이 다른 소고기의 맛, 아르헨티나 소고기 요리	161

브라질 - 뜨거운 삼바의 열정에 빠지다

046	뜨거운 브라질의 해변, 리우 데 자네이루	165
047	차분한 휴식이 필요한 시간, 일야 그란데	168
048	검은 브라질의 심장, 살바도르	171
049	모두 함께 즐기는 삼바의 폭풍, 살바도르 삼바 카니발	174
050	검은 강물과 푸른 동굴, 렌소이스	178
051	산호 속 수영장, 포르투 데 가리나스	181
052	불타는 모래언덕과 시원한 파도, 나탈	185

053	제리의 시간은 느리게 흐른다, 제리코아코아라	189
054	노예들의 슬픔이 담긴 전통 무술, 카포에이라	192
055	입이 즐거운 거리의 만찬, 브라질 길거리 음식	193

에콰도르 - 편안함이 넘치는 인디오의 나라

056	인디오의 도시, 오타발로	197
057	정겨움이 넘치는 오타발로 주말시장	199
058	지구의 중심, 키토	203
059	라틴아메리카의 슬픔과 아픔, 과야사민 미술관	207
060	아늑한 숲의 품에 안기다, 바뇨스	211
061	세상의 끝에 걸린 그네를 찾아서	214
062	열차 지붕에 서서 세상을 바라보다, 리오밤바 지붕열차	217
063	달콤한 에콰도르 초콜릿과 커피 한 잔의 여유	221
064	남미에서 만나는 익숙함, 에콰도르 숯불구이	222

콜롬비아 - 유쾌하고 행복한 사람들을 만나다

065	따뜻함이 녹아 있는 도시, 보고타	227
066	세상에서 가장 행복한 미술관, 보테로 미술관	230
067	카리브 해의 해적을 찾아서, 카르타헤나	232
068	석양이 아름다운 어촌 마을, 타간가	235
069	콜롬비아 커피를 찾아서, 커피 농장 투어	237
070	출출함을 채우고 싶을 때, 엠빠나다	240
071	진한 콜롬비아 커피 향기 속으로	241

베네수엘라 - 위험하고 아름다운 태초의 자연 속으로

072	태초의 자연이 숨쉬는 땅, 카나이마 국립공원	244
073	세계에서 가장 높은 폭포를 향해, 앙헬 폭포 투어	248
074	푸른 카리브 해를 만나다, 모로코이 국립공원	253
075	3박 4일간의 야생 체험, 로스 야노스	255

멕시코 - 배낭여행자를 위한 종합 선물세트

076	역사와 예술이 숨쉬는 도시, 멕시코시티	263
077	세계 최고, 멕시코 인류학 박물관	266
078	멕시코 예술의 강렬함을 만나다, 베야스 아르테스	271
079	참을 수 없는 장대함, 테오티우아칸	273
080	마리아치와 테킬라의 고향, 과달라하라	276
081	일어나라 이달고, 오로스코의 벽화	278
082	아름다운 수공예 마을, 틀라케파케	281
083	세상에서 가장 예쁜 달동네, 과나후아토	283
084	밀림 속 쓸쓸한 마야 유적, 팔렌케	285
085	평화롭고 소박한 거리와 하늘, 산크리스토발	287
086	카리브 해의 진주, 칸쿤	291
087	여자들의 섬을 찾아서, 이슬라 무헤레스	294
088	세상에서 가장 큰 물고기와 수영을! 고래상어 투어	297
089	천국의 해변, 툴룸	300
090	뱃살을 부르는 멕시코의 맛, 타코와 부리또	304

중미 - 살아 숨 쉬는 정글과 화산의 땅

091	나의 사랑, 아티틀란 호수	309
092	아티틀란 속 히피 마을, 산마르코스	312
093	커피와 화산의 도시, 안티구아	315
094	불타는 용암 위의 산책, 파카야 화산	318
095	마야 문명 최고의 유적, 티칼	321
096	말레콘에 몰아치는 파도, 아바나	324
097	눈부신 쿠바의 카리브 해, 바라데로	328
098	체 게바라가 잠든 곳, 산타클라라	330
099	태평양으로 지는 석양, 도미니칼	333
100	열대 우림과 화산, 라 포르투나	335
101	바다와 강 사이 낙원, 토르투게로	339

부록 1 남미, 어떻게 여행할까?   342
부록 2 남미 여행지 Best 11   346

01

Peru

페루 - 잉카의 길을 걷다

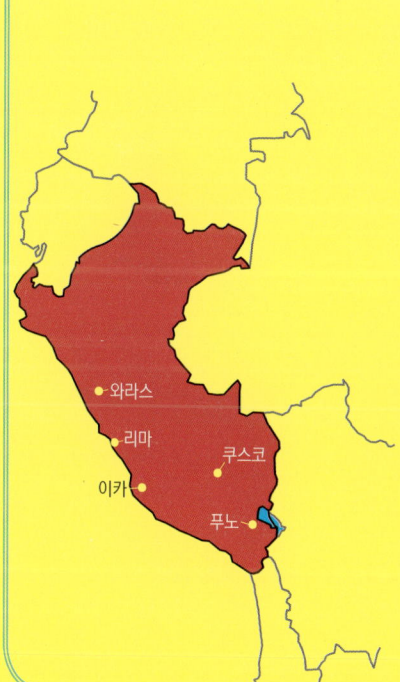

Peru
001

구름 속을 걷다,
와라스 69호수

69호수는 페루 와라스(Huaraz)의 안데스 산맥에 자리 잡고 있는 호수이다. 와라스 지역에 200개 넘는 호수가 있고 각각이 케추아(Quechua, 잉카 문명권의 공용어) 이름을 가지고 있지만, 69호수는 케추아 이름이 없어서 69번째 호수를 그대로 이름으로 부른다고 한다.

와라스는 69호수 트레킹이나 산타크루즈(Santa Cruz) 트레킹을 위해 주로 찾게 되는데, 불과 몇 년 전만 해도 한국인 여행자에게는 거의 알려지지 않은 곳이었다. 먼지 날리던 시골 동네였던 와라스는 그 사이에 깔끔하게 정비된 관광도시가 되었고, 69호수로 가는 투어 상품이 생겨서 이제는 비좁은 콜렉티보(Colectivo, 승합버스)를 갈아타면서 고생할 필요가 없다.

처음 왔을 때 콜렉티보를 타고 울퉁불퉁한 산길을 달려서 갔던 얀가누코(Llanganuco) 호수는 이제 투어 버스를 타고 3시간 만에 편하게 갈 수 있다. 두 개의 설산 사이에 자리 잡은 해발 3,850미터의 얀가누코는 변함없는 에메랄드 빛으로 여행자를 맞는다.

호수와 설산이 환상적인 조화를 이루는 와라스는
안데스 산맥에서 가장 멋진 풍경을 연출한다.

안가누코 호수

얀가누코를 뒤로하고 도착한 세보야 빰빠(Cebolla Pampa). 이곳에서부터 4시간 정도 고산증세에 시달리며 산길을 오르면 해발 4,600미터의 69호수에 도착한다. 새하얀 설산 아래 하늘보다 파랗고 투명한 호수가 자리 잡고 있고, 설산에서 녹아내린 깨끗한 물은 폭포가 되어 호수로 떨어진다. 69호수의 물빛, 어떤 카메라로도 그 황홀하고 경이로운 물빛을 담기에 부족할 만큼 아름답고 또 아름답다.

69호수

† **69호수 트레킹** _ 와라스의 여행사나 숙소에서 저렴한 가격에 쉽게 예약할 수 있는데(약 40솔), 보통 왕복 교통편과 가이드가 포함되어 있다.
69호수는 해발 4,600미터라 올라가기가 쉽지 않다. 와라스도 해발 3,100미터나 되기 때문에 도착 후 반드시 1~2일 쉬면서 고산에 적응할 필요가 있다.

† **와라스 찾아가기** _ 리마(Lima), 페루 북부 트루히요(Trujillo) 등에서 연결 버스가 있다. 리마에서 약 8시간이 소요되며, 모빌(Movil), 리네아(Linea), 크루즈 델 수르(Cruz del Sur) 등 버스회사가 운행한다. 모빌, 리네아가 오전, 야간 모두 출발하며 버스비가 저렴하다.
버스의 일반좌석은 세미까마(Semi-Cama), 우등좌석은 까마(Cama)라고 부른다. 까마가 비싸더라도 더 편하니 장거리 이동 시에는 까마를 타는 것이 낫다.

Peru
002

남미의 관문, 리마

잉카제국을 정복한 프란시스코 피사로(Francisco Pizarro)가 16세기 초에 건설한 도시, 리마(Lima)는 남미의 스페인 식민지 영토 전체를 관할하는 수도였다. 지금도 남미의 북부 국가(베네수엘라, 에콰도르, 콜롬비아)와 남부 국가(칠레, 아르헨티나)의 중간인 지정학적 위치와 온화한 기후 덕분에 많은 다국적 기업이 진출해 있는 남미의 금융, 교통의 중심지이자, 대부분 남미 여행자들이 여행의 출발지로 선택하는 곳이다.

시내 중심에는 서울 못지않게 거대한 빌딩과 쇼핑센터가 줄지어 늘어서 있고, 깔끔하게 양복을 차려입은 직장인들이 바쁘게 돌아다니고 있다. 바닷가 절벽 위에 있는 유명한 고급 쇼핑센터, 라르코 마르(Larco Mar)에 가면 태평양의 석양을 보며 멋진 레스토랑에서 식사하고 쇼핑을 즐기는 사람들을 만날 수 있다.

하지만 산 보르하(San Borja), 산 이시드로(San Isidro), 미라플로레스(Miraflores) 같은 부유한 지구를 벗어나 서민들이 사는 곳으로 가면 전혀 다른 풍경으로 변

리마의 산등성이 빈민가

한다. 비가 거의 오지 않는 기후 때문에 녹색이라곤 찾아볼 수 없는 산등성이를 따라 곧 무너질 것 같은 잿빛 빈민가가 형성되어 있고, 거리에는 조잡한 물건을 팔며 어렵게 생계를 이어 가는 노점상들이 가득하다.

골목마다 잘 정비된 공원과 사설 경비원이 늘어선 고급주택가, 라르코 마르로 들어가는 외국인에게 구걸하는 가난한 사람들. 남미의 현재를 우울하게 보여 주는 리마는 지구 반대편 세상을 있는 그대로 알고 싶어 하는 여행자에게 많은 것을 생각하게 한다.

아르마스 광장

† **리마 공항에서 시내 이동** _ 공항에서 시내까지 가깝지만, 스페인어가 익숙하지 않은 사람은 저렴한 콜렉티보 이용이 쉽지 않기 때문에 택시가 낫다. 택시비는 시내 중심가까지 40~60솔 수준.

† **리마 버스 터미널** _ 리마는 버스회사별로 터미널이 있다. 모빌, 리네아 등 중저가 버스는 주로 빠세오 데 레뿌블리까(Paseo de Republica) 거리에 있고, 크루즈 델 수르, 올투르사(Oltursa) 등 고급 버스는 산 보르하 같은 고급 주택가에 있다.

Peru
003

사막을 달리며, 이카 버기 투어

페루의 해안을 따라 내려가다 보면 중동처럼 끝없이 펼쳐진 황량한 사막을 마주친다. '남미에도 이런 곳이 있나?' 좀 의외의 풍경이지만 사막에 왔으면 사막을 즐겨야 하는 법! 페루의 사막을 즐기기 위해 여행자들은 이카(Ica)라는 작은 도시를 찾는다.

사막의 먼지가 펄펄 날리는 이카에서 택시를 타고 10분쯤 달리면 와카치나 (Huacachina)에 도착한다. 와카치나는 모래언덕 가운데 있는 조그만 오아시스를 여행자용 숙소와 식당이 둘러싸고 있는 마을인데, 걸어서 10분이면 한 바퀴 돌 수 있을 정도로 작다. 여행자들이 이곳에 오는 목적은 딱 하나! 버기 투어를 하기 위해서이다.

사막 투어용 차량, 버기. 롤러코스터처럼 짜릿하다.

사막 속 오아시스 마을, 와카치나. 걸어서 10분이면 모두 돌아볼 수 있을 만큼 작은 마을이다.

버기는 차체에 철판이 없고 뼈대만 있는 투어용 차량. 헬멧을 쓰고 안전벨트를 채우고 나면 버기는 요란한 굉음과 함께 사막을 질주하기 시작한다. 사막의 모래언덕을 따라 오르내리는 버기를 타고 있으면 롤러코스터를 타고 있는 것처럼 짜릿하다. 높은 모래언덕 꼭대기에 도착하면 버기 투어의 백미, 샌드보드(Sand Board)를 타게 된다. 보드에 누워 살짝 중심을 앞으로 놓으면 보드는 쏜살같이 모래언덕을 미끄러져 내려가고 스릴감 넘치는 속도에 환호성을 지르다 보니 어느새 언덕 아래에 도착한다.

중동의 사막투어처럼 인적이 드문 사막으로 가는 것이 아니라 고즈넉한 맛은 없지만, 2만 원이 채 안 되는 저렴한 가격에 투어를 할 수 있다. 또, 와카치나에서 숙박을 하면 오아시스에서 밤을 보낼 수 있기 때문에, 사막을 처음 경험한다면 최고의 하루가 될 것이다.

버기 / 석양 / 언덕 오르기 / 샌드보딩

† **이카 찾아가기** _ 이카는 리마에서 5시간 정도 걸리는데 쿠스코(Cusco) 가는 길에 있다. 와카치나는 이카 터미널에서 택시로 10~15분 소요.

† **버기 투어** _ 와카치나에서 수시로 버기가 출발하기 때문에 예약은 필요 없다. 가격은 40~50솔 정도. 석양을 보는 선셋 투어가 다른 시간대보다 조금 더 비싸다.

Peru
004

잉카의 심장, 쿠스코

쿠스코(Cusco)는 15세기에서 16세기까지 안데스를 지배한 잉카제국의 수도였던 곳으로, 페루를 오는 여행자라면 반드시 방문하는 도시 중 하나이다. 황량한 안데스 산맥 사이에 자리 잡은 쿠스코는 멀리서 보면 페루의 여느 도시들과 같이 볼품없지만, 도심에 들어서면 전혀 다른 모습에 깜짝 놀라게 된다.

깔끔하게 정비된 거리에는 값비싼 식당과 기념품 가게가 늘어서 있고, 아름다운 정원과 분수가 늘어선 광장은 항상 여행자로 붐빈다. 빨간색 테라코타 지붕과 하얀 칠을 한 벽, 파란색 창문을 가진 스페인풍 건물과 함께 아직도 잉카제국의 흔적이 남아 있는 거리를 걷게 되면, 누구나 구석구석을 정신없이 카메라에 담게 된다. 햇살이 따사롭게 내리쬐는 아르마스 광장(Plaza de Armas), 산프란시스코 광장(Plaza de San Francisco)에 앉아 파란 하늘과 거리를 오가는 사람들을 바라보는 것만으로도 쿠스코의 시간은 행복하다.

역사의 향기가 물씬 풍기는
아름다운 쿠스코의
낮과 밤

활기 넘치는 산 페드로 시장

아름답고 고풍스럽긴 하지만 기념품 가게와 여행사들이 즐비한 관광지 분위기를 벗어나고 싶다면, 커다란 재래시장인 산페드로 시장(Mercado San Pedro)을 찾아가면 된다. 시장 안은 채소, 고기, 치즈, 곡식 등 온갖 물건을 파는 상인과 현지인으로 발 디딜 틈 없이 붐비고, 뒤쪽에 자리 잡은 식당은 항상 손님으로 만원이다. 시장 좌판에 앉아 쿠스코 주민들과 함께 저렴하고 푸짐한 페루 음식을 먹으면, 잘 꾸며진 중심가에서는 볼 수 없던 쿠스코 사람들의 생생한 삶이 느껴진다.

쿠스코에 온다면 가이드 북에 실린 '관광 명소'만 찾아다니지 말고 현지 사람들이 살아가는 모습을 볼 수 있는 곳으로 찾아가 보라. 그곳에서 쿠스코 사람들의 진짜 삶의 모습을 가까이 느꼈을 때, 잘 꾸며진 중심가의 거리도 다르게 다가오지 않을까!

† 쿠스코 찾아가기 _ 쿠스코는 대부분의 여행지에서 연결 버스가 있다. 리마에서 버스로 22~24시간, 푸노에서 8시간 소요. 볼리비아 코파카바나(Copacabana, 12시간 소요)나 라파스(La Paz, 16시간 소요)에서 오는 버스도 있다.
리마-쿠스코 구간은 스타페루(www.staperu.com), 라탐(www.latam.com), LC Peru(www.lcperu.pe) 등 많은 항공사가 운행하고 있다. 버스는 시간이 많이 걸리고 길이 아주 험하기 때문에 항공편을 이용하는 것이 훨씬 편하다.

† 쿠스코 여행 시 주의사항 _ 쿠스코는 해발 3,400미터에 위치한 고산도시. 따라서 도착 후 1~2일은 무리하지 않아야 한다. 쿠스코에서 두통 등 고산 증세가 심하다면 바로 마추피추(Machu Picchu)를 다녀오는 것도 좋은 방법. 마추피추 근처는 해발 2천 미터 대라 고산증세가 줄어든다.

Peru
005

안데스 퓨마의 머리, 삭사이와만

쿠스코 인근의 잉카 유적 중에서 단연 돋보이는 것은 해발 3,700미터에 위치한 삭사이와만(Sacsayhuaman) 유적으로, 쿠스코 북쪽 3킬로미터 떨어진 산에 있는 성벽이다. 일설에 의하면 쿠스코는 퓨마 형상을 닮게 만들어진 도시이고, 삭사이와만은 그 머리에 해당한다고 한다. 그래서인지 삭사이와만에 오르면 쿠스코 시내가 한눈에 내려다보인다.

퓨마의 발톱처럼 지그재그로 돌출된 거대한 성벽이 3단으로 층층이 쌓여 있는데, 그 높이가 18미터에 이르고, 성벽의 둘레가 1.1킬로미터에 달해 한눈에 들어오지 않을 만큼 거대한 규모를 보여 준다. 성벽에 가까이 다가가 보니, 성벽을 만든 바위의 크기에 탄성이 절로 난다. 대부분 성인 남자 키를 훌쩍 넘는 바위로 만들어졌고, 높이가 7미터, 무게는 수백 톤에 이르는 것도 있다고 하니, 보고도 믿기지 않는다. 스페인 식민지 전까지 철기 문화도, 수레바퀴도 없던 잉카제국에서 어떻게 이 거대한 바위를 옮길 수 있었는지, 또 어떻게 종이 한 장 끼울 틈 없이 짜 맞추었는지 생각하면, 잉카의 석조기술은 정말 불가사의하다.

쿠스코의 머리에 해당하는 삭사이와만 유적. 이곳에 오르면 쿠스코 시내가 한 눈에 내려다보인다.

잉카제국 멸망 후 스페인 정복자들이 쿠스코에 건물을 짓기 위해 성벽을 이루고 있던 바위 일부를 가져가서, 원형이 제대로 남아 있지 않다는 점이 안타깝지만, 그 거대한 규모만으로도 쿠스코 여행에서 빠트리지 말아야 할 곳이다.

성인 남자의 키를 훌쩍 넘는 바위로 만들어진 성벽. 그 거대한 규모에 탄성이 절로 난다.

† **삭사이와만 찾아가기** _ 쿠스코 시내에서 콜렉티보를 타고 30분 정도면 갈 수 있다. 삭사이와만을 지나 피삭(Pisag)으로 가는 길에 탐보마차이(Tambomachay), 켄포(Qenpo) 등 여러 유적지가 있다.

† **쿠스코 인근 유적 입장권** _ 일반적으로 쿠스코 인근 유적을 모두 들어갈 수 있는 통합입장권을 산다. 통합입장권은 130솔(약 45달러) 정도이며, 유적 하나만 들어가는 입장권은 70솔이다.

잃어버린 공중 도시 마추피추

Peru
006

잉카의 잃어버린 도시, 마추피추

1911년, 미국의 대학교수 하이럼 빙엄은 쿠스코에서 100킬로미터 떨어진 우르밤바(Urbamba) 계곡의 산 정상에 자리 잡은 한 유적을 발견했다. 남미를 여행하는 사람이라면 꼭 가고 싶어 하는 곳인 잉카제국의 공중 도시, 마추피추(Machu Picchu)였다.

마추피추로 가려면 먼저 기차를 타고 아구아스 칼리엔테스(Aguas Calientes)로 가야 한다. 쿠스코에서 출발한 기차는 느릿하게 움직여 세 시간이 넘게 걸려서야 아구아스 칼리엔테스에 도착한다. 그곳에서 다시 버스를 타거나 먼지 날리는 산길을 두 시간쯤 걸어 올라가면 마침내 마추피추 입구에 도착한다.

잉카제국은 문자로 역사를 기록하지 않아서, 마추피추의 정확한 건설 시기를 알 수 없지만 대략 15~16세기, 우리나라 조선시대 중기 정도로 추정되고 있다. 산꼭대기에 요새처럼 지어서 얼핏 우리나라의 산성과 비슷해 보이지만, 깎아지른 듯한 절벽과 깊은 계곡, 주변을 둘러싼 무성한 숲과 산봉우리들 때문에 우리나라에서는 보기 힘든 절경을 만들어 낸다. 거기에다 누가, 왜 이곳을 건설했고, 폐허로 남겨진 이유를 알 수 없기에 더욱 경이롭게 다가온다. 주변 풍광의 아름다움과 미지의 신비함, 잉카제국 외에는 거대 문명의 유적이 없는 남미 대륙의 특성이 어우러져 세계 각국의 관광객이 몰려드는 남미 대표의 유적지가 되었다.

우르밤바 계곡

† **마추피추 찾아가기** _ 마추피추 근처 지역은 도로가 없어서 페루 레일(www.perurail.com)을 이용해야 하는데, 쿠스코에서 왕복 열차비가 무려 150~250달러 정도. 중간에 있는 오얀타이탐보(Ollantaitambo)로 가서 기차를 타면 몇십 달러 정도 아껴지며, 열차비는 시간, 좌석 등급, 시즌에 따라 변동이 심하다. 상당히 번거롭지만, 기차를 타지 않고 가는 방법도 있다. 콜렉티보를 타고 산타 테레사(Santa Teresa) 인근 수력발전소(Hidro Electrica)까지 간 후, 철로를 세 시간 정도 걸어가면 마추피추 아래의 아구아스 칼리엔테스에 도착한다. 단, 철로를 걸을 때 안전에 주의해야 한다. 아구아스 칼리엔테스에서 마추피추 입구까지 버스비 역시 편도 10달러 정도로 비싸다. 걸어갈 경우 1.5~2시간 소요.

† 마추피추 입장료는 152솔(약 50달러), 와이나피추(Huayna picchu)까지 가면 200솔(약 65달러)이나 한다. 와이나피추를 가고 싶다면 반드시 몇 주 전에 인터넷으로 예약해야 한다(www.machupicchu.gob.pe). 학생은 50% 할인이 되는데 원칙적으로 만 26세 이하만 가능하다.

Peru
007

티티카카의 슬픈 자화상, 갈대 섬 우로스

남미에서 가장 큰 호수, 티티카카(Titicaca) 호수는 페루와 볼리비아에 걸쳐 있다. 면적이 8,135제곱킬로미터로, 제주도 면적의 4.5배나 되는 엄청난 크기이고, 한라산 높이의 두 배가 넘는 해발 3,800미터에 있다. 티티카카 호수에 도착하자 끝이 보이지 않는 광활한 호수와 손에 만져질 듯 가깝게 있는 하얀 구름이 인상적이다.

페루 쪽 티티카카 호숫가에 위치한 푸노(Puno)는 갈대로 만든 섬인 우로스(Uros)로 유명하다. 쿠스코에 머물면서 어느 정도 고산에 적응했다고 생각했는데 푸노에 도착하자 다시 머리가 어지럽고 멍해진다. 우로스 섬으로 가기 위해 보트를 타고 갈대숲을 몇십 분쯤 달리자 여기저기 조그만 인공 섬이 나타난다. 그중 하나에 올라서자 인디오 전통 복장을 한 원주민 아주머니가 모형을 들고 어떻게 우로스 섬을 만들었는지 설명한다. 먼저 나무와 흙으로 기반을 쌓은 후 마지막에 또또라(Totora)라고 부르는 갈대를 몇 미터 두께로 올린다고 한다.

'아하, 물 위에 떠 있는 섬은 아니었구나!' 생각도 잠시, 간단한 설명을 마친 아주머니는 바로 본론으로 들어간다. 본론은 바로 기념품 판매! 주위는 어느새 원주민들이 몰려들어 조잡한 기념품을 펼쳐 놓고 호객행위를 하기도 하고, 갈대로 만든 배를 타라고 부추기기도 한다. 이렇게 관광객을 상대로 장사하는 것이 생활을 위한 어쩔 수 없는 선택이겠지만, 원주민의 실제 생활을 보기 원했던 여행자라면 씁쓸한 실망감을 느낄 수도 있다.

드넓은 티티카카 호수 위에 자리 잡은 조그만 갈대 섬들은 한 폭의 그림처럼 아름답지만, 이제는 관광객에 의지해야만 살아갈 수 있는 그들의 모습이 점점 돈에 물들어 가는 이 세상을 그대로 닮아가는 것 같아 안타깝다.

관광객에 기대어 살아가는 원주민들의 슬픈 자화상, 우로스

† **우로스 섬 찾아가기** _ 푸노는 쿠스코에서 버스로 8시간, 볼리비아 코파카바나에서 4시간 정도 걸린다.

부두에서 우로스 섬으로 가는 배를 개인적으로 탈 수도 있고, 숙소나 여행사에서 30솔 (약 10달러) 정도 하는 투어를 이용할 수도 있다. 시간은 반나절이면 충분하다.

Peru 008

새콤달콤한 페루의 맛, 세비체와 삐까로네스

페루는 고산, 열대, 사막 등 다양한 기후가 존재하기 때문에, 먹거리가 아주 풍부하다. 거리에서 흔하게 접하는 먹거리는 뽀예리아(Polleria)에서 파는 닭요리와 중국음식인 치파(Chifa)지만, 이것들은 에콰도르나 볼리비아에서도 흔해서 페루를 대표하는 음식이라고 할 수는 없다.

'페루의 음식' 하면 가장 먼저 떠오르는 것은 바로 세비체(Ceviche)이다. 세비체는 생선을 비롯한 각종 해물을 레몬이나 라임 주스에 절이고, 여기에 양파, 고추, 고수를 넣어서 양념한 것이다. 우리 음식으로 따지면 '회무침' 같은 것인데, 산도가 높은 레몬 주스로 숙성된 해물은 우리가 먹던 회와 전혀 다른 질감과 맛을 느끼게 한다.

남미 어디를 가나 쉽게 접할 수 있긴 하지만, 세비체의 원조 격인 페루 세비체는 그 강렬함이 남다르다. 강한 신맛과 혀가 얼얼할 정도로 파고드는 양념 때문에 처음에는 먹기 힘들지만, 먹다 보면 강렬한 맛에 점점 중독되어 다른 음식은 심심하게 느껴진다. 생선과 조개, 오징어 등 대부분 해산물이 세비체로 만들어지지만, 티티카카 호수에서 많이 잡히는 뜨루차(Trucha, 송어)로 만든 것이 단연코 으뜸이다. 뜨루차 세비체는 연어처럼 부드러운 맛 때문에 다른 것보다 순하게 느껴지는데, 깔끔하고 비싼 고급 식당보다는 재래시장 좌판에 앉아 현지인들과 함께 어울려 먹을 때 제맛이 난다.

새콤한 맛 세비체!!

달콤한 맛 삐까로네스!!

세비체로 얼얼해진 입안을 진정시키는 디저트로는 삐까로네스(Picarones)가 제격이다. 얇은 밀가루 반죽을 링 모양으로 튀겨낸 페루식 도넛인데, 과일 향이 나는 달콤한 시럽을 뿌리면 쫄깃하면서도 바삭거리고 달콤한 맛이 일품이다. 일단 먹기 시작하면, 한 접시, 두 접시, 계속 손이 가는 자신의 모습에 깜짝 놀라게 된다.

'음식이 불결해 보인다'거나 '익숙하지 않아서 먹기 싫다'는 선입견을 버리고, 페루에서 만나는 새로운 음식에 도전하면 페루의 사람들과 문화를 좀 더 가깝게 느끼고 이해하는 데 도움이 될 것이다.

009 Peru

맛도 가격도 최고, 남미의 생과일주스

넓은 땅덩어리만큼 다양한 기후가 공존하는 남미는 망고, 파인애플, 바나나 같은 열대과일부터 사과, 포도 같은 온대 과일까지 다양하고 풍부하게 생산된다. 과일이 워낙 풍부하다 보니 가격도 깜짝 놀랄 만큼 싸고, 거리 곳곳에서 생과일주스를 파는 가게나 노점을 쉽게 마주칠 수 있다.

블랙 라즈베리, 또라

과일의 천국 남미!

생과일주스는 남미 내에서도 나라별로 스타일이 조금씩 다른데, 볼리비아는 주로 한 가지 과일로 주스를 만들고, 페루는 2~3가지 과일을 선택해 섞는 경우가 많다. 에콰도르는 모라(Mora, 블랙 라즈베리), 과나바나(Guanabana)처럼 특이한 과일과 2~3가지 과일을 섞고, 우유나 요거트를 넣어서 만든다.

우리나라에서는 너무 비싸서 좀처럼 먹기 힘든 생과일주스를 0.5리터에 800~1,200원 정도로 가격 부담 없이 먹을 수 있는 것은 남미 여행의 즐거움 중 하나이다.

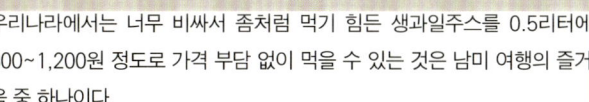
에콰도르의 또라 주스

볼리비아의 당근주스

그리고 잉카 콜라

02
Bolívia

볼리비아 - 하늘과 맞닿은 알티플라노를 달리며

나? 야마(llama)!

코파카바나
라파스
우유니

Bolivia
010

한가로운 호숫가의 휴식, 코파카바나

푸노에서 출발한 버스는 짙푸른 티티카카 호수 옆을 달린다. 드넓은 호수를 바라보며 생각에 잠겨 있다 보면 어느새 버스는 볼리비아 코파카바나(Copacabana)에 도착한다.

푸노가 페루 쪽 티티카카 여행의 중심지라면 코파카바나는 볼리비아 쪽 중심지. 호숫가에 위치한 작은 마을은 숙소와 식당, 기념품 가게 같은 여행자 시설이 잘 갖춰져 있다. 인구 10만이 넘는 페루 푸노에 비해 이곳은 겨우 4천 명 정도라, 새파란 티티카카 호수를 바라보고 시원한 바람을 맞으며 걷는 길은 여유롭기만하다. 호수에서 오리 배를 타는 현지 사람들의 즐거운 웃음소리와 지나가는 여행자를 부르는 식당 주인들의 목소리만 가끔 들릴 뿐!

새파란 호수와 하늘이 조화를 이루는 코파카바나의 휴식은 달콤하다.

Bolivia

볼리비아에도 뻥튀기가!

유명하지만 작은 관광지다 보니 호숫가를 조금 벗어나자 볼리비아 사람들이 사는 모습을 생생하게 볼 수 있다. 조그만 시장에서 파는 물건은 대형마트에 비해 보잘것없지만, 감자 한 포대, 양파 한 단을 펼쳐 놓고 파는 모습이 우리네 시골 장터에 온 것 같아 친근하다. 시장 옆 공터에서 파는, 달걀과 채소가 듬뿍 들어간 샌드위치 가격은 겨우 3볼(450원), 딸기잼을 바르면 1볼이 추가된다. 잼을 듬뿍 바르자 아주머니는 '그건 2볼을 받아야 해'라며 씽긋 웃는다. 그 모습이 너무 정겨워 아주머니와 도란도란 이야기를 나누다 보니 샌드위치 세 개를 먹어치우고서야 일어선다. 성당 앞 광장에 가자 어르신들이 벤치에 앉아 따뜻한 햇볕을 쬐고 있고, 광장 옆 구두닦이 아저씨도 꾸벅꾸벅 졸고 있다. 그 곁에 앉아 한가롭게 볼리비아의 햇살을 즐긴다.

코파카바나. 티티카카 호수를 제외하면 볼거리가 없는 조그만 시골 마을이지만, 반드시 대단한 볼거리가 있고 바쁘게 돌아다녀야 여행을 잘하는 것일까? 이렇게 작은 마을에서 현지 사람들의 삶을 가까이 보고 느끼며, 여유를 가져 보는 것은 어떨까.

† **코파카바나 찾아가기** _ 라파스와 푸노에서 버스로 3~4시간 정도 소요된다. 시설이 좋은 여행자 버스를 타고 싶다면 출발 전날 표를 미리 사는 것이 좋다. 쿠스코, 아레키파(Arequipa), 우유니(Uyuni) 같은 곳으로 가는 장거리 버스도 출발한다.

버스 등급은 주의 필요. 다른 나라에선 일반좌석인 '세미까마'를 볼리비아는 '까마'라고 부른다. 볼리비아의 우등좌석은 '소파까마(Sofa-Cama)'.

Bolivia
011

이보다 더 아름다울 수 없는 티티카카, 태양의 섬

바다처럼 드넓은 티티카카의 아름다움을 가장 느낄 수 있는 곳은 어디일까? 그곳은 푸노나 코파카바나가 아니라 태양의 섬(Isla del Sol)이다. 태양의 섬은 티티카카 호수에 있는 작은 섬이다. 태양의 신 '인티(Inti)'가 이곳에서 태양을 만들었다는 전설이 전해지고 있어서, 잉카인들은 이곳을 신성시했다. 그래서인지 섬 곳곳에 잉카의 건축물과 제단이 남아 있다.

코파카바나에서 출발한 작은 보트는 두 시간 만에 섬의 남쪽 마을, 유마니(Yumani)의 선착장에 도착한다. 배에서 내리자 제일 먼저 맞이하는 것은 언덕을 따라 있는 가파른 계단. 언덕의 높이는 겨우 200미터지만 해발 3,800미터의 호숫가에서 해발 4,000미터까지 올라가는 길이라 결코 만만치 않다. 조금만 걸어도 땀이 비 오듯 쏟아지고 가슴이 턱턱 막히도록 숨이 가빠져 오는 것을 견디며 한 시간가량 언덕을 오르자 마침내 언덕 너머에 호수가 보인다. 언덕 위 마을에 숙소를 잡고 밖으로 나오자 광대한 티티카카 호수가 눈앞에 펼쳐진다. 발코니에 앉아 따뜻한 햇볕을 쬐며 호수를 바라보니 세상에 더 부러울 것이 없다. 티티카카와 구름, 파란 하늘이 어우러져 환상적인 풍경을 만들어 내고 있다.

태양의 섬에서 시간을 보내는 방법은 너무나 단순하다. 아침 일찍 일어나 간단히 식사하고 발코니에서 멍하니 호수를 바라본다. 배가 고파지면 몇 개 없는 마을 식당 중 하나를 찾아가 호수를 바라보며 느긋하게 점심을 먹고 다시 발코니에 돌아와 꾸벅꾸벅 존다. 어느새 저녁 시간이 되어, 다시 식당에서 저녁을 먹고 있으면 눈부신 티티카카의 석양이 눈앞에 펼쳐진다. 우기의 먹구름 사이로 석양이 붉게 타고 있고, 그 사이로 비가 쏟아지는 모습이 보인다.

'이렇게 멋진 풍경을 두고 왜 딴 곳을 찾아가겠는가!' 섬 남쪽에서 북쪽까지 능선을 따라 걷는 트레킹 코스도 있지만, 마을을 벗어날 생각은 전혀 생기지 않고, 이 풍경 하나만으로도 더 이상 만족스러울 수 없다. 하염없이 호수를 바라보다 몸을 움직이고 싶어지면 산비탈을 따라 만들어진 마을을 천천히 돌아다닌다. 마을을 걷다 보면 별다른 놀 거리가 없는 동네 꼬마들이 따라다니며 함께 놀자고 졸라댄다. 아이들과 장난을 치며 시간을 보내다 숙소로 돌아와 호수를 바라보며, 평안한 하루를 마무리한다.

태양의 섬에서 하루만 묵고 코파카바나로 돌아가는 일정이었지만 어느새 이틀, 사흘이 지나간다. 다음 일정 때문에 어쩔 수 없이 이 언덕을 떠나야 하는 날, 자꾸만 호수의 모습을 뒤돌아보게 된다. 하늘과 구름을 품은, 더 이상 아름다울 수 없는 티티카카, 이곳 태양의 섬에서 만날 수 있다.

† **태양의 섬 찾아가기** _ 코파카바나 부두에서 수시로 배가 출발한다. 남쪽 마을인 유마니까지는 1시간, 북쪽 마을까지는 1시간 반이 걸린다. 북쪽 마을은 숙박, 식당 등 여행자를 위한 시설이 거의 없고 열악하기 때문에 남쪽 마을에서 머무는 것이 낫다. 남쪽 마을에 가면 정상까지 올라가서 숙박하는 것이 좋다. 언덕 중간과는 풍경의 차원이 다르기 때문.
섬이다 보니 먹거리는 비싸고 부실한 편. 하지만 언덕 정상의 숲에 있는 라스 벨라스 (Las Velas)에 가면 아주 훌륭한 음식을 즐길 수 있다.

Bolivia
012

세상에서 가장 높은 달동네, 라파스

볼리비아 헌법상의 수도는 수크레(Sucre)지만 대통령 궁과 의회가 있는 라파스(La Paz)는 볼리비아 최대 도시이자 정치, 경제, 문화의 중심지인 행정수도이다. 라파스에 도착하면 비탈길을 따라 늘어선 엄청난 규모의 달동네에 가장 먼저 놀란다. 가장 낮은 곳이 해발 3,600미터, 높은 곳이 해발 4,000미터에 이르는 전형적인 분지 도시로, 분지의 경사면을 따라 빼곡히 들어찬 집은 개미집을 연상시킬 정도로 인상적이다.

좁은 내리막 도로를 따라 도시 안으로 들어서면 무시무시한 교통체증과 심각한 대기오염에 다시금 놀라게 된다. 분지 바닥에 형성된 도시 중심가까지 내려가면, 매연이 바닥에 쌓여 농축된 매캐한 냄새가 코를 자극한다.

마지막으로 놀라게 되는 것은 수많은 노숙자다. 매연이 풍기는 도로 옆, 공터 할 것 없이 조금이라도 공간이 있으면 아이들과 노숙을 하는 가족이 보인다. 남미 최빈국에 속하는 볼리비아, 이곳 사람들의 생활이 나아지기까지는 많은 시간이 걸릴 것 같아 안타깝다. 19세기 말 칠레와의 전쟁에서 태평양 연안을 뺏긴 후, 척박한 고원 위의 내륙국가가 된 볼리비아가 남미의 다른 나라들처럼 급속한 경제발전을 이루기는 쉽지 않을 것 같기 때문이다.

라파스 어디서나 마주치는 좁은 언덕길과 언덕을 뒤덮은 달동네

Bolivia

가난한 나라의 수도이다 보니 라파스는 큰 볼거리가 없다. 중심지인 무리요 광장(Plaza Murillo)은 칠레나 아르헨티나, 페루 수도의 광장에 비해 너무 초라하다. 많은 사람이 한 평도 안 되는 조그만 가게에서 좀처럼 오지 않는 손님을 기다리고 있고, 어린 소년들은 얼굴을 완전히 가리는 스키 마스크를 뒤집어쓰고 거리 한편에 앉아 구두를 닦고 있다. 라파스에 갈 때마다 빈곤한 삶의 모습에 마음이 무거워지곤 한다. 다음에 갔을 때는 더 많은 사람의 얼굴에서 여유와 웃음을 볼 수 있기를 바란다.

† **라파스 찾아가기** _ 라파스는 볼리비아의 모든 주요 도시와 연결된다. 우유니까지 10시간, 수크레 12시간, 포토시(Potosi) 8시간 정도 소요. 칠레 이키케(Iquique), 아리카(Arica), 페루 푸노, 쿠스코, 아레키파 등 다른 나라로 가는 국제버스도 운행한다.

† **라파스 치안** _ 라파스는 치안 상태가 상당히 나쁘다. 특히 택시 강도, 가짜 경찰 등 여행자 대상 범죄가 잦기 때문에 아주 조심해야 한다. 정식 택시가 아니라 허술한 간판을 단, 이른바 '야매 택시'는 절대 타지 말고, 기사가 합승하려고 하면 내려야 한다. 남미는 일반적으로 합승하지 않는다. 길에서 말을 걸거나 동행을 요청하는 현지인에게 주의해야 하며, 외출 시 여권/신용카드는 숙소에 놓고 가야 한다. 여권 제시를 요구하는 경찰은 대부분 가짜이니, 절대 따라가지 말고 여권이 있는 숙소까지 함께 가자고 버텨야 한다.

Bolivia
013

새하얀 빛의 사막, 우유니

남미 여행자의 영원한 로망! 세상에서 가장 큰 소금사막, 우기가 되면 세상에서 가장 큰 거울로 탈바꿈하는 곳, 그 어떤 말로도 아름다움을 표현하기 힘들고, 이름만 들어도 가슴이 뛰는 곳이 바로 우유니(Uyuni) 사막이다.

사막 가장자리, 지저분하고 먼지 날리던 우유니 마을은 몇 년 사이에 깔끔하게 정비된 관광지가 되어, 외국인용 식당과 우유니 사막 투어를 하는 여행사들이 즐비하다. 여행자들은 조금이라도 더 좋은 조건에 투어를 하기 위해 부지런하게 돌아다니고 있다.

투어용 지프를 타고 소금사막 안으로 들어서자, 꿈에 그리던 우유니 소금사막이 펼쳐진다. 소금사막은 햇살을 그대로 반사해 선글라스를 쓰고 있지 않으면 눈을 뜨기 힘들다. 눈부시게 빛나는 새하얀 사막과 짙은 코발트블루의 하늘, 그리고 손에 잡힐 것 같은 구름. 인간의 흔적이 전혀 느껴지지 않는 눈부신 빛 속을 내달리자, 온몸에 소름이 돋는 전율이 느껴진다.

바다가 융기해서 만들어진 이 거대한 소금사막의 크기는 가로 100킬로미터, 세로 120킬로미터. 지프로 몇 시간을 달려도, 새하얀 빛의 평야가 계속된다. 소금사막 한가운데 자리 잡은 '인카와시 섬(Isla Incawasi)'이라 불리는 언덕에 '깍두 밀레나리오(Cactu Milenario)' 선인장이 가득 자라고 있다. 언덕 위에 올라서자 새하얀 소금사막과 새파란 하늘, 사람 키를 훌쩍 넘는 깍두가 멋진 조화를 이루고 있다.

새하얀 소금사막도 아름답지만, 비가 내리면 우유니는 전혀 다른 아름다움을 보여 준다. 하늘에서 내린 빗물은 소금 위에 차곡차곡 쌓이고, 그 위에 햇살이 내리쬐면 사막은 세상에서 가장 큰 거울이 된다. 모든 여행자가 꿈꾸는 '물이 찬 소금사막'이 만들어지는 것이다. 하늘은 물 위로 반사되어 또 하나의 하늘이 만들어진다. 아니, 하늘뿐만 아니라 세상 모든 것이 반사되어 또 하나의 세상이 물 위에 펼쳐진다. 우유니 소금사막에 서 있노라면, '다른 차원의 세계로 빠져든 것은 아닌가!' 하는 비현실적인 몽상에 잠긴다. 남미 여행지 중에 단연코 must of must see!!

† **우유니 찾아가기** _ 라파스에서 10시간, 포토시에서 5시간, 수크레에서 8시간 정도 걸린다. 라파스 공항에서 아마소나스(www.amazonas.com), 보아(www.boa.bo) 항공을 이용하면 1시간 만에 도착할 수 있다.

† **소금사막 투어** _ 소금사막만 둘러보길 원한다면 당일 또는 1박 2일 투어를 하면 된다. 당일 투어는 선라이즈 투어, 일반적인 데이 투어, 석양을 보는 선셋 투어가 있다. 물이 차 있는 우유니를 보고 싶다면 12월 말에서 4월까지가 가장 좋다. 다른 때에도 볼 가능성이 있지만, 비가 한동안 오지 않았다면 보기 쉽지 않다. 겨울(6~8월)에는 눈이 내리기 때문에 투어 자제가 쉽지 않을 수 있다. 전세계적으로 일어나는 기상이변의 여파로 비가 오는 시기가 매년 변하고 있지만 6~11월에는 물이 찬 모습을 볼 가능성이 아주 낮다.

Bolivia
014

안데스 산맥의 유혹, 우유니 알티플라노

우유니 소금사막을 벗어나면 칠레까지 수백 킬로미터에 걸쳐 해발 4~5천 미터에 이르는 고원이 펼쳐지는데, 티티카카 호수, 라파스가 속해 있는 이 거대한 고원을 알티플라노(Altiplano)라 부른다. (스페인어로 Alti는 '높은', Plano는 '평원'을 뜻하기 때문에 'Altiplano'라는 단어 자체가 '고원'이라는 뜻이다.)

새파란 고산의 하늘과 하얀 구름, 그 아래 펼쳐진 인적이 없는 황량한 고원을 달리고 있노라면, 아무리 달려도 끝나지 않을 것 같다. 한참을 달리니, 화산활동과 지각 변동으로 만들어진 수많은 기묘한 바위와 층층이 다른 색깔을 가진 화산이 보인다. 알티플라노 곳곳에 숨어 있는 형형색색의 호수는 황량한 고원과 어우러져 매력적으로 다가온다. 피처럼 붉은 콜로라다 호수(Laguna Colorada), 에메랄드 빛으로 반짝이는 베르데 호수(Laguna Verde), 옅은 아이보리색과 연두색이 섞인 에리온다 호수(Laguna Herionda)가 연이어 등장하며 여행자의 가슴을 뛰게 한다.

끝없는 고원과 화산,
호수와 동물을 만날 수 있는
알티플라노

고산증에 좋다는 따뜻한 코카(coca) 차를 마시며 알티플라노 고원의 숙소에서 저녁을 보내고 있노라면, 별빛이 쏟아지는 밤하늘을 맞이하게 된다. 별빛을 방해할 그 어떤 것도 없고, 은하수까지 볼 수 있는 알티플라노의 밤하늘은 추위마저 잊게 한다. 지구 반대편 남미까지 날아와 이런 멋진 곳들을 놓친다면 아쉬운 일 아니겠는가!

† **우유니 2박 3일 투어** _ 우유니의 고원과 호수를 보려면 칠레 산페드로(San Pedro)까지 가는 2박 3일 투어를 해야 한다. 우유니에서 출발하면 소금사막을 먼저 보고, 칠레 산페드로에서 출발하면 소금사막을 마지막에 본다. 투어비는 우유니에서 출발할 경우 약 120~150달러, 산페드로에서 출발할 경우 150~180달러 수준인데, 성수기와 비수기 가격이 다르다.

우유니에서 출발하건, 산페드로에서 출발하건 순서만 다를 뿐 들르는 곳은 같다. 다만 산페드로에서 출발하면 첫날 해발 4,300미터에서 숙박하기 때문에 고산증세가 나타날 가능성이 아주 높다. 따라서 고산증세를 완화해 줄 약을 준비하는 것이 좋다.

우유니 출발 기준 1일차 숙소에선 더운물 샤워가 가능하다(유료). 숙소 상태가 많이 좋아져서 추운 시즌(5~10월)이 아니라면 침낭이 꼭 필요하지는 않다.

015 Bolivia

우유니 사막의 주인, 야생동물

해발 4천 미터, 낮에는 고산의 강렬한 햇살이 퍼붓고, 밤에는 매서운 추위가 찾아오는 척박한 사막에 수많은 야생동물이 살고 있다. 극한의 환경에서 살아가는 강인한 생명력을 가진 동물들을 마주치는 것은 우유니에서 잊을 수 없는 또 하나의 추억이 된다.

플라밍고 _ 물고기 한 마리 없을 것 같은 사막의 호숫가에서 유유히 먹이를 찾으며 걷다가, 붉은 날개를 퍼덕이며 무리를 지어 날아오르는 플라밍고의 모습은 한 폭의 그림과 같이 경이롭다.

사막의 플라밍고

야마(Llama) _ 우유니 사막에서 가장 자주 보게 되는 '가축'이다. 마을에서 수백 킬로미터 떨어진 사막에 사는 야마(영어 발음 '라마')를 어떻게 사육하는지 알 수 없지만, 모두 주인이 있다고 하니 믿을 수밖에….

'야마'는 '가축'

비꾸냐(Vicuña) _ 고원지대에 서식하는 낙타과의 야생동물로 우유니 사막의 호숫가나 마을 주변에서 볼 수 있는데, 인기척을 느끼면 귀를 쫑긋 세운 채로 풀을 오물오물 씹는 모습이 아주 귀엽다.

'비꾸냐'는 '야생'

Bolivia 016

티티카카 호수의 별미, 뜨루차

뜨루차 알라 쁠란차

티티카카 호수 최고의 별미는 호수에서 많이 잡히는 물고기인 뜨루차(Trucha), 송어로 만든 요리이다. 페루 푸노에서도 뜨루차 요리를 많이 팔지만, 저렴하고 질 좋은 뜨루차를 맛볼 수 있는 곳은 역시 코파카바나이다. 우리나라 해변의 조개구이집처럼 수십 개의 식당이 늘어서 있고, 식당 주인은 지나가는 여행자에게 접시에 담긴 뜨루차를 보여 주며 손님을 붙잡기 위해 애쓰고 있다.

뜨루차는 대개 두 가지 방법으로 요리하는데, 알 라 쁠란차(A la Plancha)는 팬에 기름을 둘러 굽고, 프리또(Frito)는 기름에 튀긴다. 요리법을 선택해 주문한 후 뜨루차 요리를 기다리고 있으면, 티티카카의 시원한 바람에 구수한 뜨루차 익는 냄새가 풍겨 오고, 배고픈 여행자의 배는 요동을 친다. 노릇노릇하게 잘 구워진 뜨루차 한 마리에 리몬을 짜서 뿌려 먹으면, 상큼한 리몬 향이 입안에 퍼지고, 진한 뜨루차의 맛이 느껴진다. '이 맛이 티티카카의 맛이다!'

호숫가 식당이 너무 관광객용 식당 같다고 느껴진다면 광장 옆에 있는 생선전문점, 뻬스까데리아(Pescaderia) 중 한 곳을 찾아가면 된다. 뜨루차를 비롯해 티티카카에서 잡히는 여러 종류의 생선을 훨씬 저렴하게 팔고 있는데, 이곳의 요리법은 딱 한 가지, 그냥 튀기는 것이다. 엔살라다(La Ensalada, 샐러드)를 곁들여 깔끔하게 나오던 호숫가 식당과 달리, 삶은 옥수수, 감자처럼 배를 부르게 할 수 있는 음식이 함께 나온다. 좁은 식당 안에서 호기심 가득한 눈초리로 쳐다보는 현지인과 인사를 나누며 그들이 먹는 음식을 함께 먹는 것, 이것이 진짜 여행의 맛이 아닐까!

뻬스까데리아

017 Bolivia

담백한 맛의 향연, 야마 요리

볼리비아는 인근의 페루, 칠레, 아르헨티나 같은 나라보다 먹거리가 다양하지 않다. 고산지대가 많다 보니 생산되는 작물이 한정되어 있고, 도로 사정이 좋지 않아 신선식품 수송이 원활하지 않아서일 것 같다. 또, 가난한 나라이다 보니 수입 식품이 적고, 정육점을 비롯한 대부분 가게가 냉장고가 없을 정도로 열악한 환경인 것도 이유일 것이다.

야마 스테이크

야마 쁘리까세

그래도 볼리비아에는 다른 나라에서 좀처럼 맛볼 수 없는 별미가 있는데, 볼리비아 어디서나 쉽게 마주치는 가축인 야마(Llama) 요리다. 낙타과에 속하는 야마의 고기는 소고기나 돼지고기보다 지방이 적고 담백하다. 여행자들이 자주 찾는 우유니 마을에는 야마 스테이크나 수프를 파는 식당이 많이 있다. 지방이 적다 보니 우리나라 사람들 입맛에 좀 심심하게 느껴질 수 있지만, 담백한 맛을 좋아하는 사람이라면 맛있게 먹을 수 있다.

여행 중에 마주친 귀여운 야마의 얼굴이 떠오르면 미안해질 때도 있지만, 맛있는 것을 어떻게 하리! 볼리비아를 찾으면 꼭 맛보라고 추천하고 싶은 요리이다.

03

Chile

칠레 - 풍요로운 안데스의 축복

- 산페드로
- 산티아고
- 푸콘
- 발디비아
- 푸에르토 몬트
- 토레스 델 파이네
- 푸에르토 나탈레스
- 푼타 아레나스

Chile
018

아타카마 사막 속 오아시스, 산페드로

모든 것이 말라버린 메마른 사막. 그중에서도 세상에서 가장 건조한 사막이 칠레의 아타카마(Atacama) 사막이다. 사막 가운데에는 작은 오아시스 마을 산페드로(San Pedro)가 자리 잡고 있다. 해발 2,600미터의 고산 마을인데도 도착하자마자 후끈한 사막의 열기가 쏟아진다.

조그만 중심가에는 흙벽 위에 흰 페인트칠을 한 건물이 늘어서 있다. 거리는 한낮엔 더위로 한적하다가 해 질 녘부터 투어를 알아보고 식사를 하는 여행자들로 활기를 찾는다. 우유니 투어를 마치고 이곳에 온 사람들은 볼리비아보다 훨씬 비싼 물가에 먼저 놀란다. 남미에서 가장 물가가 싼 볼리비아에서 가장 비싼 편인 칠레에 도착했기 때문이다. 하지만 이곳에 머물다 보면 물가에 대한 생각은 사라지고 산페드로의 매력을 있는 그대로 즐기게 된다.

해가 완전히 떨어지고 나지막한 건물 옆으로 가로등이 켜지면 고요한 사막의 밤이 찾아온다. 한낮의 뜨거운 열기가 물러나고 시원한 바람이 부는 거리를 느리게 걷다가, 문득 밤하늘을 올려다본다. 칠흑같이 어두운 사막의 밤하늘에 별이 쏟아질 것 같이 가득하다. 처음엔 뜨겁기만 했던 한낮의 열기에도 익숙해지자 사막의 느낌이 그대로 느껴지는 것 같아 마음에 든다.

볼리비아와 비교되어 물가가 비싸다는 오해를 사지만, 사실 산페드로가 칠레 내에서 특별히 비싼 곳은 아니다. 산페드로에 간다면 그런 선입견은 떨쳐 버리고 세상에서 가장 건조한 땅의 매력을 마음껏 즐기는 것이 현명한 여행일 것이다.

† **산페드로 찾아가기** _ 우유니 2박 3일 투어를 하면 3일째 아침 칠레 국경에 내려 주며, 그곳에서 버스로 산페드로까지 1시간이 걸린다. 우유니에서 일반버스로 이동할 경우 칼라마(Calama)까지 먼저 이동한 후(12시간), 산페드로행 버스를 탄다(2시간).
산티아고(Santiago)에서는 24시간, 아르헨티나 살타(Salta)에서는 10시간 걸린다. 산페드로는 인기 있는 여행지이기 때문에 버스표를 미리 확보하는 것이 좋다. 산티아고-칼라마 구간은 라탐(www.latam.com), 스카이(www.skyairline.cl) 항공이 운행하는데, 항공권이 아주 비싼 최성수기가 아니라면 항공편을 이용하는 것이 버스보다 훨씬 편리하다. 비행기는 2시간 만에 산티아고에 도착하며 산페드로-칼라마는 1시간 소요.

Chile
019

달의 계곡에 지는 석양, 아타카마 사막

아타카마 사막은 우유니 사막 옆에 있다는 단점 아닌 단점 때문에 과소평가되는 곳이다. 하지만 산페드로에서 머물며 아타카마 사막을 돌아보면 이곳이 얼마나 아름다운 곳인지 알게 된다. 아타카마의 아름다움을 볼 수 있는 대표적인 명소는 '달의 계곡(Valle de la Luna)'을 꼽을 수 있다.

산페드로에서 출발한 투어 버스는 바위산을 지나 모래언덕이 줄지어 서 있는 곳에 멈춘다. 머리 위로 태양이 뜨겁게 쏟아지고, 발아래에서는 모래가 엄청난 열기를 뿜어댄다. 발이 푹푹 빠지는 모래언덕을 힘들게 올라가니 드넓은 모래 사막이 태양 아래 불타오르며 황량하게 펼쳐져 있다. 뜨거운 모래사막을 즐긴 후, 투어 일행은 다시 이동하여 아타카마 사막이 한눈에 내려다보이는 절벽에 오른다. 절벽 위에서 아타카마를 내려다보니 '내가 서 있는 곳이 지구인가?'라는 생각이 들면서, 왜 이곳을 달의 계곡이라고 부르는지 확인하게 된다. 거친 바위 언덕과 모래, 하얀 미네랄 결정이 만들어 내는 몽환적 풍경을 보고 있으면, 마치 달에 온 것 같은 착각을 불러일으킨다.

아타카마의 뜨거운 모래사막. 모래 속에는 하얀 석영이 섞여 있다.

세 개의 바위가 붉은 사막 한가운데 우뚝 서 있는 '뜨레스 마리아(Tres Maria, 세 명의 마리아)'를 지나, 달의 계곡 투어의 하이라이트인 일몰을 보기 위해 바위산 정상에 오른다. 저물어 가는 태양이 풀 한 포기 없는 붉은 아타카마 사막에 내려앉으며 절대적인 황량함과 우주적인 광경을 만들어 내고 있다. 그 앞에서, 온몸을 파고들던 거친 모래바람은 기억에서 자취를 감추고 만다.

지구가 아닌 것만 같은 아타카마

† **달의 계곡 투어** _ 오후 4시경에 출발해 8시경에 끝이 난다. 산페드로 시내 여행사에서 예약 가능하며 투어비는 13,000~15,000 페소(20~25 달러) 정도. 입장료 3천 페소(약 5달러)는 별도다.

짙푸른 세하르 호수는 바닥이 보이지 않을 만큼 깊지만 진한 소금물로 이루어져 있기 때문에
호수에 몸을 맡기면 누군가 몸을 받쳐 주는 것처럼 몸이 둥둥 뜬다.

Chile
020

세상에서 가장 마른 땅의 호수, 아타카마 사막

풀 한 포기 살 것 같지 않은 메마른 땅, 아타카마 사막에는 아이러니하게도 호수가 많이 있다. 대부분 지하수가 솟아 나와 생긴 호수인데, 우유니 사막처럼 수백만 년 전 바다였던 곳이 융기해서 만들어진 사막이라 색다른 소금호수들을 만날 수 있다.

산페드로에서 투어 버스를 타고 세하르 호수(Laguna Cejar)에 도착. 수영복으로 갈아입고 물속으로 들어간다. 사막의 햇살이 뜨겁게 내리쬐고 있지만, 호숫물은 지하수가 솟아올라 아주 차갑다. 짙푸른 세하르 호수는 바닥이 보이지 않을 만큼 깊지만, 수영을 못하는 사람도 걱정할 필요가 없다. 이곳은 요르단 사해(Dead Sea)처럼 진한 소금물로 이루어져 있기 때문이다. 물에 빠져 죽지 않을까 하는 걱정은 접어두고 호수에 몸을 맡기면 누군가 몸을 받쳐 주는 것처럼 몸이 둥둥 뜨는데, 신기하고 재미있는 경험이 된다.

남미의 101가지 매력

소금 위로 물결치는 테벤키체 호수

두 개의 동그란 호수가 마주 보고 있는 오호스 델 살라르(Ojos del Salar) 호수를 지나 마지막으로 찾아가는 곳은 테벤키체(Tebenquiche) 호수. 신발을 벗고 들어가면 까칠까칠한 소금 결정이 발바닥을 간지럽히고, 차가운 호숫물이 사막의 바람을 따라 찰랑거리며 발목 주위에서 춤을 춘다. 투어에 포함된 피스코 샤워(Pisco Sour, 달걀흰자로 낸 거품을 올려먹는 칠레 국민 칵테일) 한 잔에 취기가 돌기 시작하고, 어느새 석양은 호수 위로 마지막 햇살을 비추고 있다. 세상에서 가장 마른 땅에 이토록 아름다운 호수가 공존하고 있는 낭만적인 모순, 남미의 매력은 끝이 없다.

† **소금호수 투어** _ 라구나 세하르(Laguna Cejar) 투어를 하면 된다. 투어비는 달의 계곡 투어와 비슷한데 입장료가 17,000페소(약 30달러)로 비싸다. 투어가 끝날 때쯤 석양을 보면서 약간의 술과 간식을 제공해 준다. 시간은 달의 투어와 마찬가지로 오후 4시쯤 출발해 8시쯤 끝이 난다.

Chile
021

비상하는 칠레의 심장, 산티아고

빠른 속도로 발전하고 있는 남미 대륙에서 가장 뜨거운 나라는 어디일까? 남미대륙의 반을 차지하는 넓은 국토와 많은 인구를 가진 브라질일까? 물론 브라질의 경제력이 크긴 하지만, 4천 킬로미터가 넘는 긴 국토에 엄청난 지하자원과 해양자원을 보유하고 있고, 사회 인프라가 잘 갖춰진 칠레야말로 가장 뜨겁게 떠오르고 있는 나라일 것이다.

칠레의 수도 산티아고(Santiago)는 균형 있게 개발된 깨끗한 도시로 남미의 다른 수도들에 비해 범죄율이 낮고 지저분한 슬럼가도 적은 편이다. 서울의 어느 거리로 돌아온 것 같은 느낌이랄까. 그래서 남미 여행자에게 특별하게 다가오지는 않지만, 쾌적하게 쉬어 가는 여행지로 제격이다.

산티아고에서 반드시 즐겨야 할 것은 칠레의 맛있고 저렴한 과일과 해물. 시내에 있는 라베가 시장(Mercado La Vega)과 중앙 시장(Mercado Central)에는 늘 신선한 먹거리가 넘쳐난다. 또 하나의 매력적인 장소는 산티아고 주변의 와이너리. 세계 와인 시장을 주름잡는 칠레 와이너리들이 산티아고 인근 계곡에 모여 있기 때문이다. 산과 들판을 뒤덮은 포도 농장을 구경하고, 부드럽고 진한 칠레 와인을 맛보는 것은 놓치기 아까운 즐거움이다.

깔끔하고 잘 정돈된 산티아고의 거리

† **산티아고 찾아가기** _ 산페드로에서 24시간, 아르헨티나 멘도사(Mendoza)에서 7시간이 걸린다. 칠레-아르헨티나 국경은 야간에 닫기 때문에 야간버스가 없다.

† **산티아고 와이너리 투어** _ 가장 대표적인 곳은 칠레 최대 와이너리인 콘차 이 토로(Concha y Torro). 대중교통으로 직접 찾아갈 수도 있고, 숙소나 여행사에서 투어를 신청할 수도 있다.

Chile
022

태평양의 몰아치는 파도, 비냐 델 마르

칠레는 태평양을 마주 보고 있는 4,300킬로미터 길이의 좁고 긴 국토를 따라 사막과 호수, 빙하 등 다양한 볼거리를 가진 나라다. 좁고 긴 지형의 칠레는 어디에서나 1~2시간 정도면 바다에 도착하기 때문에 바다를 구경하기 좋다. 비록 태평양을 직접 마주 보고 있어서 거친 파도가 끊임없이 몰아치고 있지만, 잔잔한 바다와는 다른 나름대로의 매력이 있다.

그중에 칠레 산티아고 인근 휴양지, 비냐 델 마르(Viña del Mar)가 탁 트인 태평양 바다를 보기 좋은 곳이다. 잘 정비된 해안도로를 따라 해변에 도착하니 시원하게 뻗은 모래사장에서 많은 사람이 햇빛을 즐기고 있다. 파도가 휘몰아치는 바다를 앞에 두고 해변에 누워 한가로운 오후를 보내다 보면 어느새 바다 위로 석양이 물든다.

† **비냐 델 마르 찾아가기** _ 산티아고에서 버스로 2시간 걸리는데, 인구밀집 지역이라 교통 사정에 따라 소요시간이 많이 달라진다. 발파라이소(Valparaiso)에서는 30분 거리.

Chile
023

활화산 옆 동화 속 마을, 푸콘

칠레와 아르헨티나 중남부 지역은 아름다운 숲과 호수가 많아서 레이크 디스트릭트(Lake District)로 불린다. 바릴로체(Bariloche), 산마르틴(San Martin de los Andes), 발디비아(Valdivia) 등 이 지역에 자리 잡은 많은 도시 중에 최고를 꼽으라면 주저 없이 '푸콘(Pucon)'이라고 대답한다. 현지 사람들에게 더 유명한 휴양지인 이곳은 10분만 걸으면 동네 어디나 갈 수 있을 정도로 작은 마을인데, 마을 앞뒤로 비야리카 호수(Lago Villarica)와 비야리카 화산(Volcan Villarica)을 두고 있어서 수려한 볼거리를 제공한다.

칠레 특유의 나지막하고, 아기자기한 나무집이 늘어선 거리를 걷다 보면, 거리 어디서나 만년설이 덮여 있는 비야리카 화산을 볼 수 있다. 아직도 용암이 끓고 있는 활화산이라 연기가 피어오르는 모습을 간간이 보게 되는데, 곧 폭발할지 모른다는 공포감 때문인지 화산은 더욱 경이로운 모습으로 다가온다.

거리 하나, 집 하나,
풍경 하나가
모두 동화 속에서
튀어나온 것 같은 푸콘

Chile

마을 앞뒤에 자리 잡은 비야리카 호수와 화산

비야리카 호수에는 검고 고운 화산 모래가 깔린 해변이 있다. 뜨거운 모래 위에 누워 찜질하며, 호수의 잔물결 치는 소리와 새소리, 사람들의 웃음소리를 들으니, 여행에서 쌓인 긴장이 모두 풀리는 것만 같다. 카누를 빌려 타고 차갑고 깨끗한 호수 위에서 노를 젓거나 예쁜 카페에서 커피와 디저트를 즐기다 보면 푸콘의 하루는 어느새 끝이 난다.

푸콘은 레포츠로도 유명하다. 눈 덮인 비야리카 화산 꼭대기까지 올라가는 화산 트레킹, 래프팅, 국립공원 트레킹, 온천 투어, 카야킹 등 많은 종류의 레포츠를 즐길 수 있어서 며칠을 머물러도 떠나는 날은 아쉽기만 하다. 유명한 유적지나 시끌벅적한 대도시보다 조용하고 소박한 소도시를 좋아하는 이에게 푸콘은 완벽한 휴식과 즐거움을 선사한다. 뭐랄까, 화려하지 않지만, 너무나 사랑스러운 여자친구 같은 그런 곳이다.

† **푸콘 찾아가기** _ 산티아고에서 야간버스로 10시간, 발디비아에서 3시간 정도 소요된다. 아르헨티나 바릴로체에서 올 경우 오소르노(Osorno) 또는 산마르틴(San Martin)에서 버스를 갈아타야 한다. 가장 가까운 공항은 테무코(Temuco) 공항이며, 푸콘에서 버스로 1시간 반이 걸린다. 산티아고-테무코는 비행기로 1시간 소요.

† **푸콘의 성수기** _ 푸콘은 유명한 휴양지이기 때문에 휴가철인 12월 말~2월에는 엄청난 인파가 몰린다. 따라서 이 시기에는 반드시 숙소를 일찍 예약해야 한다.

† **비야리카 화산 트레킹** _ 해발 2,860미터의 비야리카 화산에 걸어 올라간 후 눈썰매를 타고 내려온다. 날씨가 나쁘거나 화산 활동이 활발한 경우에는 트레킹이 불가능하며, 예약하는 여행사에서 안내해 준다. 흐린 날씨를 피해야 하므로 숙소에 일기예보를 확인해보는 것이 좋다. 가격은 8만 페소(약 140달러) 정도인데 입장료와 리프트 이용료는 별도로 지불해야 한다.

Chile
024

바다사자가 뒹구는 어시장, 발디비아

카예카예(Calle Calle) 강과 크루세스(Cruces) 강이 만나는 곳에 발디비아(Valdivia) 라는 작은 마을이 자리 잡고 있다. 호수와 설산이 즐비한 인근 도시들과 비교하면 평범해 보이는 이곳에 여행자들이 찾아오는 이유는 강가에 자리 잡은 특이한 어시장을 보기 위해서이다.

생선장수가 생선을 손질하고 남은 내장과 껍질을 강으로 휙휙 던지면, 생선 찌꺼기가 떨어지기 무섭게 상인 뒤에 진을 치고 늘어서 있던 바다사자와 새가 달려든다. 바다사자는 서로 으르렁거리며 먹이를 차지하기 위해 싸우고, 새들은 그 틈새를 비집고 잽싸게 작은 조각을 물어서 날아간다. 동물원이나 자연 속에 있어야 할 법한 바다사자가 사람이 사는 도시에서, 또 다른 방식으로 공생하는 풍경이 이채롭다.

시장에서 산 홍합과 게를 씻어서 물만 붓고 삶으면, 워낙 싱싱해서 그 자체로 훌륭한 요리가 된다. 배부르게 먹고 늘어져 쉬다 강가를 산책하며 하루를 마감한다.

싸고 맛있는 해물만으로도 만족스러운 발디비아

† **발디비아 찾아가기** _ 산티아고에서 12시간, 푸콘에서 3시간, 아르헨티나 바릴로체에서 7시간 소요된다.

† **발디비아 어시장** _ 어시장은 강가에 있으며 점심시간이 조금 지나면 문을 닫는다. 따라서 해산물을 사거나 구경하고 싶다면 오전에 찾아가야 한다.

Chile
025

장미의 도시, 푸에르토 바라스

칠레 레이크 디스트릭트의 끝자락에 있는 푸에르토 바라스(Puerto Varas)는 파타고니아로 가는 항공편이 출발하는 푸에르토 몬트(Puerto Montt)에서 버스로 20분 거리에 있다. 걸어서 몇십 분 정도면 돌아볼 수 있는 작은 마을이지만, 이곳은 칠레에서 가장 아름다운 휴양지로 이름 높다. 마을 바로 앞에 있는 파란 얀키우에(Llanquihue) 호수 뒤로는 새하얀 눈모자를 쓴 오소르노(Osorno, 해발 2,650m)와 칼부코(Calbuco, 해발 1,950m) 화산이 병풍처럼 펼쳐져 있고, 호숫가를 따라 아름다운 카페와 호텔들이 늘어서 있다. 사람들은 잔잔한 호숫물에 들어가 시원함을 즐기거나 아름다운 목조 건물들이 보존된 시내를 걸으며 쇼핑을 즐긴다. 이 지역의 특산품인 양털로 만든 다양한 옷과 수공예품이 여행자들을 유혹하고, 시내 식당들에서는 칠레 그 어떤 곳보다 신선하고 푸짐한 해물 요리를 맛볼 수 있다.

칠레 사람들은 이곳을 '장미의 도시'라는 애칭으로 부르는데 그 이유는 시내의 가로수가 모두 장미이기 때문. 거리를 걸으며 다양한 색상의 장미 향기를 맡는 것도 이곳에서 즐길 수 있는 재미 중 하나다. 평범한 항구 도시인 푸에르토 몬트보다는 아름다운 푸에르토 바라스에서 시간을 보내는 것이 훨씬 좋은 선택일 것이다.

† **푸에르토 바라스 찾아가기** _ 바릴로체에서 버스로 7시간, 푸에르토 몬트 공항에서 30분 걸린다. 푸에르토 몬트까지는 버스가 자주 다니며 20분 정도 걸린다. 바릴로체에서 버스 대신 배와 지프를 이용해 세 개의 호수를 지나는 투어도 있다.

† **푸에르토 그레스(Puerto Gres)** _ 남미에서 내가 가장 좋아하는 도자기 가게. 할머니 한 분이 머그컵, 접시, 물병 등 각종 도자기를 만드시는데, 디자인과 품질이 아주 뛰어나다. 물건을 사면 골판지를 잘라서 아주 꼼꼼하게 포장을 해 주시는 것이 재미있다.

Chile
026

쓸쓸한 항구 도시,
푸에르토 나탈레스

파타고니아(Patagonia)의 사전적 의미는 '남미대륙의 남위 40도 이하 지역', 즉 칠레와 아르헨티나의 남부 지역이 해당한다. 사람이 살고 있는 지구 최남단의 땅인 그곳에 사전에서 절대 표현할 수 없는 엄청난 매력이 숨 쉬고 있다. 파타고니아에 발을 딛는 순간부터 '대자연'이라는 말의 의미를 온몸으로 느끼게 되기 때문이다.

푸에르토 나탈레스(Puerto Natales)는 칠레 파타고니아 여행의 중심지이다. 한때 융성한 항구 도시였지만, 파나마 운하 개통 후 마젤란 해협을 지나는 배가 급감하면서 점점 쇠락하고 있었다. 그러다가 파타고니아 여행이 인기를 얻으면서 큰 변화를 맞이하게 된다. 세계 최고의 트레킹 코스 중 하나인 '토레스 델 파이네(Torres del Paine)'가 가까이 있기 때문이다.

파타고니아의 바람이 몰아치는, 쓸쓸하지만 아름다운 푸에르토 나탈레스

부두 한쪽에서 최후의 시간을 보내는 배

관광 도시답게 깨끗하게 정비된 거리에는 원색 나무 벽에 함석지붕을 얹은 파타고니아 특유의 건물이 늘어서 있다. 트레킹 용품을 팔거나 기념품을 파는 가게와 예쁜 카페들은 트레킹이 힘든 겨울(6~8월)을 빼고는 늘 여행자로 북적거린다.

한적한 거리를 지나 부둣가에 도착하면 멀리 파타고니아의 설산이 늘어서 있고 진한 바다내음이 풍겨온다. 짙은 구름이 깔린 하늘과 바다, 설산을 벗 삼아 걷다 보면 부둣가 한쪽에 방치된 폐선과 마주친다. 지구 최남단의 땅에서 외로이 최후를 맞이한 배 위로 지는 석양은 정신없이 살아가는 우리 인생에도 언젠가 끝이 있다는 것을 가르쳐 주는 것 같아 짙은 쓸쓸함이 밀려온다.

나탈레스의 석양

† 푸에르토 나탈레스 찾아가기 _ 항공을 이용할 경우 푼타 아레나스로 먼저 간다. 푼타 아레나스 공항에서 버스로 2.5시간, 아르헨티나 칼라파테(El Calafate)에서 6시간, 우수아이아(Ushuaia)에서 12시간 정도 걸린다.

Chile
027

남미 최고의 대자연 속으로, 토레스 델 파이네

사람의 흔적을 찾기 힘든 광활한 대지, 아름다운 빙하, 빙하가 녹아서 만들어진 투명한 하늘색 호수, 하얀 설산, 엄청난 강풍과 그 바람을 따라 살아 움직이는 구름, 새파란 하늘과 시리도록 깨끗한 공기…. 파타고니아 대자연의 매력은 말로 다 할 수 없다. 이러한 파타고니아의 매력을 한꺼번에 만날 수 있는 방법은 토레스 델 파이네(Torres del Paine)에서 트레킹을 하는 것이다.

푸에르토 나탈레스에서 출발한 버스는 세 시간 만에 토레스 델 파이네 국립공원(Parque Nacional Torres del Paine)에 도착한다. 입장권을 산 후, 선착장으로 이동하면 하늘색으로 빛나는 페오에 호수(Lago Pehoe)가 펼쳐진다. 대지를 뚫고 하늘 높이 솟은 파이네의 바위 봉우리들을 선상에서 보니 트레킹을 시작하기 전부터 가슴이 설레어 온다.

눈이 시리도록 파란
파이네의 하늘과 호수

페오에 산장(Refugio Pehoe)에 텐트를 치고, 몇 가지 간식만 챙겨 첫 번째 코스인 그레이 빙하(Glaciar Grey)를 향해 걷기 시작한다. 몇 년 전, 한 이스라엘 여행자가 저지른 산불 때문에 잿빛으로 변한 모습이 마음 아프지만, 검게 타 버린 나무 사이로 꽃과 풀, 어린나무들이 자라면서, 자연은 느리지만 천천히 자신의 모습을 회복하고 있다.

빙하 녹은 물이 요란한 소리를 내며 흐르는 계곡을 옆에 끼고 네 시간쯤 걸으면 그레이 빙하 전망대(Mirador Grey)에 도착한다. 바위 언덕에 걸터앉아 거센 파타고니아의 바람을 맞으며 하늘색 호수와 그레이 빙하를 한참 동안 바라보고 있으면, 비좁은 한국을 떠나 지구 반대편에 오기를 정말 잘했다는 생각이 든다. 이런 멋진 대자연을 보지 못하고 죽었다면 얼마나 아쉬웠을까.

텐트로 돌아와 파이네 트레킹의 첫 번째 밤을 맞이한다. 하루 50달러 정도면 산장에서 편하게 잘 수 있지만, 바람에 쉴 새 없이 흔들리는 텐트에 홀로 누워 다음 날에 만날 또 다른 풍경을 기대하며 잠이 든다.

둘째 날에는 페오에 산장을 떠나 강한 바람을 뚫고 이탈리아노 캠프(Campamento Italiano)로 간다. 캠프에 배낭을 던져 놓고 간식을 챙겨 프랑스 계곡(Valle Frances)을 오르는 길. 낮은 언덕과 평지가 있던 첫날과 달리 프랑스 계곡은 경사가 가파른 바윗길인데다가, 올라갈수록 바람이 강해져서 걷기 힘들 정도다.

거친 바람을 뚫고 두 시간쯤 걷자 'Mirador(전망대)'라는 글자가 눈에 들어온다. 기운을 내 자그만 바위 언덕을 올라가자 장관이 펼쳐진다. 수많은 파이네의 바위 봉우리들이 나를 U자 모양으로 둥글게 감싸고 있고, 뒤를 돌아보자 하늘색 빙하 호수가 저 멀리 있다. 나를 둘러싼 봉우리들은 뭐랄까, 땅이 그 거대한 기운을 주체할 수 없어 멋대로 치솟아 그대로 굳어진 것만 같다. 거대한 자연의 힘이 터져 나온 것 같은 이 압도적인 곳에서 내가 할 수 있는 일은 그저 멍하니 바라보는 것일 뿐.

로스 쿠에르노스 산장(Refugio Los Cuernos)에서 캠핑을 한 후 마지막 밤을 보낼 칠레노 산장(Refugio Chileo)까지 배낭을 메고 걷는다. 발걸음은 무겁지만, 왼쪽엔 우뚝 솟은 파이네의 봉우리가, 오른쪽에는 하늘색 호수가 있어 힘이 되어준다. 호수를 따라 길을 오르내리며 몇 시간을 걷자 꽃과 풀이 가득한 언덕이 나타난다. 쉬엄쉬엄 걸으며 언덕 정상에 올라 산허리를 돌자 깊고 거대한 계곡이 있고 그 끝에 칠레노 캠프가 자리 잡고 있다. 강한 바람이 부는 낭떠러지 옆, 좁은 계곡 길을 걷는 것이 아슬아슬하지만, 캠프까지만 도착하면 하루 일정이 끝난다.

파이네의 마지막 밤을 보낸 후 아침 일찍 간식을 챙겨 마지막 전망대로 향한다. 울창한 숲과 계곡을 지나 한 시간쯤 걷자 트레킹의 마지막 난관인 경사가 심한 바위 언덕이 나타난다. 천천히 언덕을 오르다 목이 마르면 가져온 생수병에 계곡 물을 담아서 그대로 마신다. 사람이 살지 않는 지역인 데다가 빙하가 녹은 물이 흘러내리는 것이니 이보다 좋은 물이 어디 있겠나. 여행자들이 하는 농담처럼, 이곳에선 화장실 변기 내리는 물도 '에비앙'이니까.

힘겹게 정상에 도착하자 거짓말 같은 풍경이 눈앞에 펼쳐진다. 초록색 호수 뒤로 대지에 거대한 칼을 꽂아 놓은 듯한 세 개의 봉우리가 서 있다. 라스 토레스(Las Torres)라고 불리는 봉우리다. 해발 2,600미터가 넘는 높이의 봉우리는 하늘을 찌를 듯한 기세로 서 있고, 몰려오는 구름 사이로 보였다 사라지기를 반복한다.

힘든 트레킹이지만 파이네는 그 노력이 조금도 아깝지 않을 만큼 아름답다. 누군가 남미에서 가장 멋진 곳이 어디냐고 묻는다면 망설임 없이 '토레스 델 파이네!'라고 답할 것이다.

† **토레스 델 파이네 트레킹 준비하기**

_ **장비 대여**
푸에르토 나탈레스의 숙소나 대여점에서 모든 트레킹 장비를 빌려 주며, 트레킹 중 짐은 숙소에서 보관해 준다.

_ **산장/텐트 이용**
칠레 정부가 트레킹을 제한하는 정책을 쓰면서 산장/텐트 이용이 쉽지 않아졌다. 예전에는 예약 없이도 캠핑장을 이용할 수 있었지만, 이제는 미리 인터넷으로 예약하지 않으면 이용이 불가능하다. 예약은 www.fslodges.com에서 할 수 있는데 12~2월 최성수기에는 몇 달 전에 예약하지 않으면 자리를 구할 수 없다. 12~3월 외 기간은 비바람이 심할 때가 많아서 텐트보다는 산장을 이용하는 것이 낫다. 산장은 4월부터 순차적으로 문을 닫고 겨울 시즌(5~8월)에는 운영하지 않는다.

† **토레스 델 파이네 일일 투어** _ 트레킹이 쉽지 않아지면서 일일 투어를 하는 경우가 많아졌다. 푸에르토 나탈레스의 여행사, 숙소에서 예약할 수 있으며, 3만 페소(약 50달러) 정도. 칼라파테에서 출발하는 투어도 있는데 이동시간이 길기 때문에 아주 힘들다.

Chile
028

남미의 땅끝 마을,
푼타 아레나스

푼타 아레나스는 칠레 북쪽에서 내려오는 버스나 비행기가 도착하는 파타고니아 교통의 요지이다. 또, 남극으로 가는 배나 비행기도 이곳에서 많이 출발한다. 흔히 남미의 끝이라고 알고 있는 우수아이아는 섬에 있는 도시이기 때문에, 우리나라 해남처럼 남미 대륙의 끝에 위치한 '땅끝마을'은 푼타 아레나스 (Punta Arenas)다.

파타고니아에선 상당히 큰 도시지만, 인구가 10만 명을 조금 넘는 수준. 작은 중심가는 조용하고 여행자도 눈에 많이 띄지 않는다. 중심 광장에 서 있는 동상의 주인공은 마젤란. 마젤란은 많은 난관 끝에 남미 대륙 끝 해협을 지나 태평양에 진출하였는데 그가 지나간 마젤란 해협이 푼타 아레나스 아래에 있기 때문이다.

시내를 지나 한적한 부둣가를 찾아가자 수많은 물새가 눈에 띈다. 멀리 보이는 설산과 조용한 해변, 그리고 바다. 푸에르토 나탈레스처럼 마젤란 해협과 쇠락을 같이한 이곳의 부둣가도 쓸쓸하면서 고독한 매력이 있다.

남미 대륙이 끝나는 푼타 아레나스의 항구

† **푼타 아레나스 찾아가기** _ 비행기는 산티아고, 푸에르토 몬트에서 출발하며 스카이(www.skyairline.cl), 라탐(www.latam.com) 항공이 있다. 12~2월 최성수기에는 최소 1개월 이전에 표를 확보해야 한다. 푸에르토 몬트에서 버스를 타면 30시간 이상 소요된다. 우수아이아는 10시간 정도 걸리며, 칼라파테는 푸에르토 나탈레스를 거쳐서 가야 한다.

Chile 029

매력 만점, 칠레의 과일

칠레는 안데스 산맥 기슭의 풍요로운 땅과 온화한 기후 덕분에 맛있는 과일이 풍부하게 생산되고, 가격도 아주 저렴하다. 2004년 칠레 FTA 발효 이후 우리나라에서도 칠레 과일을 쉽게 볼 수 있지만, 현지에서 사 먹는 맛과는 비교할 수 없다. 그래서 과일을 실컷 먹는 것이 칠레 여행의 즐거움 중 하나.

라베가 시장

칠레의 명물, 체리!

산티아고 중심가에는 '라베가'라는 커다란 농산물 시장이 있다. 여름(12~2월)이 가까워지면 체리(Cereza)가 제철을 맞는데, 1킬로그램에 2천 원이면 커다랗고 싱싱한 체리를 살 수 있다. 보기만 해도 입안에 침이 고이는 체리, 빨갛다 못해 검은 윤기가 흐르는 체리를 먹으며 시내를 어슬렁거리는 것만으로도 산티아고의 하루는 즐겁다.

어디 체리뿐인가. 싱싱한 딸기와 아보카도는 1킬로그램에 2천 원, 블루베리는 5천 원 정도면 살 수 있기 때문에 과일을 좋아하는 여행자라면 칠레는 천국일 것이다. 단, 제철에 와야 싸고 맛있다는 것을 유념할 것!

030 Chile

푸짐한 바다의 맛, 칠레 해물요리

칠레는 4천 킬로미터가 넘는 긴 해안선이 있어서 신선하고 질 좋은 해산물 요리가 발달해 있다. 칠레 해물요리의 특징을 하나만 꼽으라면 '담백함'이다. 튀기는 것이 일반적인 남미 다른 국가들과 달리 재료가 워낙 신선하기 때문에 크게 양념을 가하지 않고 삶거나 구운 요리를 맛볼 수 있다.

꾸란또

빠일라 마리나

연어 스테이크

꾸란또(Curanto)는 홍합, 대합 같은 조개와 닭고기, 돼지고기 등 육류, 밀까오(Milcao, 감자떡)를 함께 찌는 음식인데, 별다른 양념을 하지 않아서 재료 본연의 맛을 느낄 수 있다. 칠레식 해물 뚝배기, 빠일라 마리나(Paila Marina)는 조갯살을 가득 넣어 삶은 음식이다. 맛을 한 마디로 표현하자면 '해물, 해물 그리고 또 해물'. 그 외에도 연어(Salmon), 메를루사(Merluza) 등 생선구이와 튀김이 흔하다.

04
Argentina ✈

아르헨티나 - 거대한 대자연과 우아한 탱고의 만남

Argentina
031

아르헨티노 호숫가의 산책, 칼라파테

칼라파테(El Calafate)는 푸에르토 나탈레스, 우수아이아, 엘찰튼(El Calten) 뿐만 아니라 바릴로체, 부에노스 아이레스(Buenos Aires) 등 거의 모든 지역으로 연결되는 교통편이 있어서 명실상부한 파타고니아 여행의 중심지이자, 모레노 빙하 관광의 거점도시이다.

마을이라 부르는 것이 더 어울리는 이 도시는 아르헨티노 호수(Lago Argentino) 옆에 자리 잡고 있다. 남미에서 세 번째로 큰 아르헨티노 호수는 빙하 녹은 물이 흘러들어 하늘색으로 빛난다. 산에 올라가 칼라파테를 바라보면 수많은 설산과 호수, 황량한 대지가 펼쳐진 파타고니아의 대자연이 눈앞에 있다.

작은 중심가는 관광객을 위한 식당과 기념품 가게, 투어 용품을 파는 여러 상점과 여행사가 늘어서 있어 여느 관광도시와 다를 바 없다. 하지만 나지막한 상점 사이로 파타고니아의 바람이 거세게 몰아치고, 그 바람을 따라 하늘의 구름이 살아 있는 듯 움직인다. 시리게 차가운 공기를 마시고 있으면 다른 도시에서는 경험하지 못한 대지의 힘이 느껴진다.

파타고니아의 자연을 바로 옆에서 느낄 수 있는 칼라파테

시내를 벗어나 조용한 호숫가를 느릿하게 걸으면, 저 멀리 설산이 보이고 호수에는 유빙이 떠다니고 있다. 그리고 호숫가에서 한가로이 풀을 뜯는 말과 플라밍고를 비롯한 수많은 새가 여행자의 눈길을 사로잡는다. 살아 있는 자연을 가까이에서 느낄 수 있다는 것만으로도 칼라파테는 너무나 매력적이다.

† **칼라파테 찾아가기** _ 부에노스 아이레스에서 버스로 30시간 정도 걸리고 버스비도 비싸다. 그래서 주로 비행기를 이용한다. 라탐(www.latam.com), 아르헨티나(www.aerolineas.com), 라데(www.lade.com.ar) 항공이 운항하는데 12~2월 성수기에는 최대한 빨리 예약해야 한다.

Argentina
032

또 다른 세상을 만나다, 모레노 빙하

모레노 빙하(Glaciar Perito Moreno)는 칼라파테에서 가까운 로스 글라시아레스 국립공원(Parque Nacional Los Glaciares)에 자리 잡고 있다. 칼라파테에서 출발한 투어 버스는 아르헨티노 호수 옆을 달려 한 시간 만에 국립공원 입구를 지나 빙하 앞 전망대에 도착한다. 얼른 버스에서 내려 전망대로 가자 거대한 모레노 빙하가 바로 눈앞에 펼쳐진다. 높이가 60~70미터, 길이는 30킬로미터에 달하는 엄청난 규모다. 무엇보다 놀라운 것은 빙하의 색. 다른 곳에서 본 빙하는 대부분 표면을 덮은 먼지와 흙 때문에 칙칙했는데 모레노는 어떻게 이런 맑은 하늘색으로 빛날 수 있을까.

언덕을 따라 만들어진 전망대를 구석구석 걸어 다니며 빙하를 보고 있는데 갑자기 천둥 치는 소리가 들린다. 햇볕에 녹은 빙하 조각이 갈라져 호수로 떨어지면서 나는 소리다. 그 모습을 직접 보기 위해 한참을 기다리자, 저 멀리에서 빙하 끝 부분이 요란한 소리를 내며 부서진다. 자연이 만들어 낸 장관에 흥분되지만, 지구 온난화로 점점 빙하가 작아지고 있다는 현실이 안타깝다.

빙하를 바라만 보는 것이 아쉽다면 빙하 위를 직접 걷는 빅아이스(Big Ice) 투어를 선택하면 된다. 빙하 끝쪽을 잠깐 걷는 미니 트레킹(Mini Trekking)도 있지만, 빙하 중심부까지 걷는 빅아이스를 해야 빙하의 아름다움을 제대로 볼 수 있다.

배가 호수를 건너 모레노 옆으로 다가가자, 배 주위로 유빙이 수도 없이 떠다니고 빙하는 점점 시야를 가득 메운다. 가이드와 함께 한 시간 동안 산길을 걸은 후 아이젠을 착용하고 마침내 빙하에 첫발을 딛는다.

사람의 흔적, 아니 동물의 흔적조차 찾아볼 수 없는 빙하 위에서 들리는 것은 발밑에서 서걱서걱 소리를 내며 부서지는 얼음 소리뿐. 빙하가 녹아서 만들어진 연못은 마치 누군가 염료를 뿌려 놓은 것처럼 새파라면서도 바닥이 보일 만큼 투명하다. 빙하 속으로 더 들어가자 빙하가 녹아 만들어진 계곡과 강, 거대한 크레바스(crevasse, 빙하가 갈라져서 생긴 좁고 깊은 틈)와 동굴 등 수많은 볼거리가 쏟아진다.

얼음 언덕 정상에 올라가자 거대한 빙하와 그 주변을 둘러싼 설산 전체의 모습이 눈에 들어온다. 파타고니아의 햇살을 받은 거대한 모레노 빙하는 눈부시게 빛나고, 그 속에서 걷고 있는 나는 한 점 티끌처럼 작게만 느껴진다. 한 시간쯤 후 도착한 곳은 점심을 먹을 커다란 연못. 크리스털처럼 깨끗한 빙하수 아래로 길게 갈라진 크레바스가 보이고 물속에는 얼음 기둥이 수초처럼 아름답게 숲을 이루고 있다. 투명한 물 위로 설산과 하늘이 반사되어 또 하나의 하늘이 담겨 있다. 빵 몇 조각이 준비해 온 점심의 전부지만, 대자연이 만들어 놓은 환상적인 풍경을 보며 빙하수와 함께 먹는 빵은 이 세상 최고의 맛이다.

칼라파테로 돌아오는 길. 이 세상이 아닌 다른 차원의 세상을 다녀온 듯 감동이 사라지지 않는다. 모레노 빅아이스, 그곳에 가면 어떤 말이나 사진, 영상으로 표현하기 힘든 새로운 세상을 만날 수 있다.

† **모레노 빙하 투어** _ 모레노 빙하는 칼라파테에서 1시간 반이 걸리며 전망대 투어, 미니 트레킹, 빅아이스 트레킹까지 세 가지 옵션이 있다. 일반적으로 전망대, 미니 트레킹은 출발 하루 전에 예약하면 된다.
빅아이스는 하루 정원이 단 40명이기 때문에 숙소나 여행사를 통해 미리 예약해야 한다. 특히 성수기에는 몇 주 전에 예약 필수. 겨울(6~8월)에는 투어가 중지된다. 최근 아르헨티나의 불안한 경제 사정으로 투어비가 급격히 오르는 중이다. 투어사 홈페이지(www.hieloyaventura.com)에서 확인 가능.
빙하 날씨는 예측할 수 없으니 여러 겹의 옷을 준비해 날씨에 따라 입었다 벗었다 하는 것이 좋다. 점심은 각자 준비해야 하며 아이젠은 투어사에서 제공한다. 선크림과 선글라스는 필수이며 장갑과 모자도 준비하면 좋다.

Argentina
033

바람의 땅 파타고니아를 걷다, 피츠로이 트레킹

칠레 파타고니아에 토레스 델 파이네가 있다면 아르헨티나에는 봉우리가 아름답기로 유명한 피츠로이(Fitz Roy)가 있다. 3박 4일이 걸리는 파이네 트레킹과 달리 칼라파테에서 당일로도 다녀올 수 있고, 평평한 길이 많아 체력이 약하거나 나이 든 사람도 쉽게 다녀올 수 있다. 물론 파이네 트레킹처럼 다양한 풍경을 볼 수는 없지만, 코스가 쉽고 아직 입장료가 없다는 장점 때문에 많은 여행자가 즐겨 찾는다.

피츠로이를 만나기 위해 칼라파테에서 버스를 타고 엘찰튼으로 간다. 버스에서 내려 조그만 엘찰튼 마을을 지나면 본격적인 트레킹이 시작된다. 나지막한 언덕을 오르고 있는데 갑자기 '딱딱딱딱' 하는 소리가 들린다. 무슨 소리인가 싶어 나무 위를 쳐다보면 피츠로이의 명물 중 하나인 붉은 머리 딱따구리가 벌레를 먹기 위해 나무껍질을 깨고 있다. 만화처럼 머리를 쉴 새 없이 움직이는 신기한 모습을 한참 쳐다보다 발걸음을 다시 옮긴다.

Argentina

고요한 카프리 호수

피츠로이의 일출

나무가 우거진 평지를 따라 한참을 걷다 전망대에 도착하면 저 멀리 칼날처럼 하늘로 솟은 피츠로이의 봉우리가 보인다. 산 아래 자리 잡은 포인세놋 캠프(Campamento Poincenot)를 지나 숨이 턱턱 막히는 급경사를 올라가면, 로스 트레스 호수(Laguna de los Tres) 뒤로 거대한 피츠로이가 우뚝 솟아 있는 장관이 펼쳐져 이곳까지 오는 동안 고생한 것을 잊게 해 준다. 내려오는 길에 카프리 호수(Lago Capri)를 들러 깨끗하고 차가운 호수물에 트레킹의 피로를 씻고 호수에 비치는 아름다운 피츠로이를 마지막으로 바라보는 것도 빼놓을 수 없는 코스다.

로스 트레스 호수까지 올라가거나 또 다른 코스인 토레 호수(Laguna Torre)를 다녀오고 싶다면 당일 코스로는 부족하고 1박 2일로 다녀와야 한다. 이 경우 엘찰튼 마을의 숙소나 포인세놋 캠프에서 텐트를 치고 자야 하는데, 새벽에 일어날 수 있는 부지런한 여행자라면 그 유명한 붉게 타오르는 피츠로이의 일출을 볼 수 있을 것이다.

사람들이 잘 가지 않는 코스이지만 피츠로이와 토레 호수 사이에 있는 '엄마와 딸 호수(Laguna Madre e Hija)'도 아름다운 곳이다. 조금 큰 호수와 작은 호수 두 개가 산 바로 아래에 자리 잡고 있는데, 인적이 드문 맑고 잔잔한 파타고니아의 호숫가에서 혼자만의 조용한 시간을 만끽할 수 있다.

† **엘찰튼 찾아가기** _ 칼라파테에서 하루 2번 버스가 출발하며 3시간 걸린다. 1박 2일 일정일 경우 버스표 +숙박 패키지를 구매하면 숙박비가 할인된다.

Argentina
034

세상의 끝에 서다, 우수아이아

남미 대륙 끝에서 바다를 건너면 티에라 델 푸에고(Tierra del Fuego)라는 커다란 섬이 있다. 거친 기후 때문에 황량함만이 지배하는 이곳으로 세계 각국의 여행자들이 찾아오는 이유는, 남위 54도에 위치한 지구 최남단 도시 우수아이아(Ushuaia)가 있기 때문이다. 우수아이아로 가려면 먼저 마젤란 해협을 건너야 한다. 다른 지역에서는 상상하기조차 힘든 엄청난 바람 때문에 버스를 태우고 해협을 건너는 페리는 금방이라도 뒤집어질 것 같다. 해협을 건너 다시 한참 동안 황량한 대지를 달리면 조그만 항구 도시 우수아이아에 도착한다.

지구 최남단 도시라는 타이틀을 빼면 우수아이아가 아주 특별하지는 않다. 칼라파테나 푸에르토 나탈레스처럼 주변에 아름다운 산과 호수가 있는 것이 아니고, 도시 자체가 특별히 아름다운 것도 아니기 때문이다. 거기에 물가도 다른 도시보다 비싸서 비싼 버스비를 들여 괜히 찾아온 것은 아닌지 잠깐 후회가 스친다.

하지만 세상의 끝에 와 있다는 사실 하나만으로 이곳에 있는 모든 것에 감정이 입이 되어 특별하게 다가온다. 바다에 외롭게 떠 있는 폐선 한 척은 이 머나먼 세상의 끝에서 최후의 시간을 보내고 있고, 멀리 보이는 설산도 그 너머에 더 이상 사람이 사는 곳이 없다고 생각하자 세상의 마지막을 지키고 서 있는 것만 같다. 우수아이아는 모든 세상만사에는 끝이 있다는 것을 느끼게 해 준다.

† **우수아이아 찾아가기** _ 푸에르토 나탈레스/푼타 아레나스에서 버스로 10~12시간, 칼라파테에서 17시간, 부에노스 아이레스에서는 50시간 이상 걸리는데 버스비가 아주 비싸서 가능하면 항공편을 이용하는 것이 낫다. 비행기로 칼라파테에선 1시간, 부에노스 아이레스에선 3.5시간 소요.

이런 풍경에 무슨 말이 필요할까? 여기가 바릴로체

Argentina
035

안데스의 푸른 보석, 바릴로체

아름다운 도시가 즐비한 아르헨티나, 칠레의 레이크 디스트릭트에서 가장 아름다운 곳을 뽑으라면 바릴로체(Bariloche)가 빠지지 않는다. 황량한 산과 거친 고원이 많은 페루, 볼리비아의 안데스와 달리 바릴로체에 가까워지면 설산과 무성한 숲에 둘러싸인 드넓은 나우엘 우아피(Nauel Huapi) 호수가 펼쳐진다. 설산은 짙푸른 호수 위로 반사되고 있고, 호수 앞 광장은 따뜻한 햇볕을 즐기는 여행자들로 가득하다.

유럽 이민자들이 건설한 도시인 바릴로체 거리는 남미가 아니라 스위스의 한 마을을 걷고 있는 것만 같다. 유명한 관광도시답게 거리에는 개성을 듬뿍 담아서 장식한 가게가 늘어서 있고, 그런 가게를 구경하며 길을 걷는 것도 즐거움 중 하나다. 바릴로체에서 특히 유명한 것은 수제 초콜릿과 아이스크림. 거리에 즐비한 수제 초콜릿 가게를 찾아가 온갖 종류의 초콜릿을 맛보고, 달콤하기로 소문난 바릴로체의 아이스크림을 먹어 보는 것은 빼놓을 수 없는 이곳의 매력이다.

바릴로체를 즐기는 가장 좋은 방법은 렌터카로 돌아다니거나 투어를 하는 것. 하지만 저렴한 시내버스를 타고 도시 외곽에 있는 캄파나리오(Campanario) 언덕과 샤오샤오(Llao Llao) 호텔을 찾아가는 것으로도 아름다움을 충분히 즐길 수 있어, 많은 여행자가 이 방법을 선택한다.

시내버스를 타고 종점까지 한 시간쯤 달리면 설산 바로 아래 자리 잡은 샤오샤오 호텔에 도착한다. 배낭여행자들이 감히 넘볼 수 없는 고급 호텔이지만, 호텔 주변에 늘어선, 꽃이 가득한 아름다운 호수와 푸른 숲은 여행자의 눈을 즐겁게 한다. 다시 버스를 타고 캄파나리오 언덕 입구에 내린 후 40분쯤 천천히 걸어 언덕 정상에 오른다. 정상의 전망대에 서자 시야를 가로막던 숲이 사라지면서 하얀 설산과 푸른 숲, 그 사이사이에 자리 잡은 호수가 펼쳐진다. 온 세상이 푸르게 물든 것처럼 시원한 풍경 속에서 상쾌한 바람을 맞으며 시간 가는 줄 모르고 푸르름에 취한다.

전망대 카페에서 커피를 마시며 쉬고 있는데 갑자기 눈이 내린다. 조금 전까지만 해도 반소매를 입을 정도로 강한 햇살이 쏟아졌는데, 어느새 눈을 잔뜩 머금은 구름이 하늘을 덮더니 눈을 뿌려대는 것이다. 눈구름이 잠깐 휩쓸고 가더니 이내 맑은 하늘이 다시 나타난다. 바릴로체도 엄밀히 말하면 파타고니아에 있다 보니, 하루에도 사계절을 겪을 수 있는 파타고니아의 날씨가 나타나는 것이다. 안데스의 푸른 보석, 바릴로체. 언젠가 이곳에서 살고 싶다는 마음이 들게 할 만큼 눈부신 아름다움을 가지고 있다.

† **바릴로체 찾아가기** _ 푸에르토 몬트, 발디비아에서 7시간 정도 걸리며, 부에노스 아이레스에서는 20시간이 걸린다. 칼라파테까지는 버스로 30시간 가까이 걸리기 때문에 여유가 있다면 비행기를 타는 것이 좋다.

† **바릴로체 시내 이동** _ 샤오샤오 호텔, 캄파나리오 언덕은 시내버스로 갈 수 있는데 버스카드가 있어야 한다. 버스카드는 터미널에서 구매 가능하며, 시내 곳곳에 있는 충전소에서 원하는 금액만큼 충전할 수 있다.

Argentina
036

와인과 나무의 도시, 멘도사

칠레 산티아고에서 안데스 산맥을 넘어서 아르헨티나로 가면 와인 산지로 유명한 멘도사(Mendoza)가 있다. 아르헨티나 와인의 70%가량을 여기서 생산한다고 하니 아르헨티나 와인을 마셨다 하면 거의 멘도사 와인인 것이다. 명성에 걸맞게 멘도사 주변 지역은 끝도 없이 평야가 이어져 있고, 그 위는 온통 포도나무로 뒤덮여 있다.

멘도사는 나무가 가득한 도시. 시내 어디를 가나 큰 가로수들이 하늘 높이 솟아 그늘을 드리우고 있고, 지진에 대비해 넓게 만든 도로와 인도가 시원하게 뻗어 있다. 그래서인지 더운 여름에 시내를 걷고 있어도 덥다는 느낌이 별로 들지 않는다. 나무 밑으로는 노천카페와 레스토랑이 줄지어 있어서, 커피를 마시거나 거리를 거닐며 여유로움을 만끽할 수 있다.

나무와 와인이 가득한 멘도사

와인에 관심이 있는 사람이라면 와이너리 투어를 선택해 보는 것도 좋다. 인근 올리브 농장과 와이너리를 방문해 설명을 듣고 와인 저장고에서 다양한 와인을 맛보면 와인에 대해 조금 더 이해할 수 있게 된다. 와인과 여유 있는 도시를 좋아하는 사람이라면 꼭 멘도사에 들러 볼 것!

와이너리 투어

† **멘도사 찾아가기** _ 산티아고에서 7시간, 부에노스 아이레스와 바릴로체에서 18시간, 코르도바(Cordoba)에서 10시간 정도 걸린다.

† **와이너리 투어** _ 숙소나 여행사에서 예약할 수 있으며, 자전거를 타고 직접 찾아갈 수도 있다.

Argentina
037

과거로의 여행, 살타

볼리비아, 칠레 국경과 맞닿아 있는 아르헨티나 북부는 사막같이 건조한 곳이 많아서 초원과 나무가 무성한 중남부와 사뭇 다르다. 또, 인종 구성이 다른데 백인보다는 인디오 계통의 사람들이 많아진다. 볼리비아와 가깝다 보니 음식이나 거리 분위기도 두 나라를 섞어 놓은 느낌이다. 특히 시장에 가면 사람을 보나 분위기를 보나 영락없이 볼리비아다.

16세기에 만들어진 살타(Salta)는 스페인 식민지 시절의 분위기를 좀처럼 느낄 수 없는 아르헨티나에서 가장 고풍스러운 도시로 꼽힌다. 밝은색으로 칠해진 낮은 건물과 건조한 날씨는 스페인 남부 안달루시아 지방과 흡사하다. 중심가 '7월 9일 광장(Plaza 9 de Julio)' 주변에 소박한 아름다움이 느껴지는 대성당(Catedral)과 역사박물관 카빌도(El Cabildo), 붉은색과 금색으로 칠해진 산프란시스코 성당이 있다. 화려하지 않지만 고풍스럽고 소박한 살타의 풍경은 저녁이 되면 더욱 아름다워진다. 한낮의 뜨거운 햇살이 사라진 광장의 카페에서 사람들은 맥주를 먹거나 이야기를 나누고 있고, 도시는 낮보다 활기가 넘친다. 그 속에 섞여 맥주 한 잔과 함께 살타의 아름다운 밤을 즐기는 것이 살타 여행의 백미다.

† **살타 찾아가기** _ 푸에르토 이과수(Puerto Iquazu)에서 22시간, 코르도바에서 12시간 걸린다. 볼리비아에서 올 경우 국경도시 비야손(Villason)을 지나 라 키아카(La Quiaca)에서 버스를 타면 된다. 칠레 산페드로에서는 10시간이 걸리는데, 산페드로 도착 즉시 표를 사는 것이 좋다.

Argentina
038

음악과 예술이 넘치는 산텔모 일요시장, 부에노스 아이레스

아르헨티나는 한때 세계에서 손꼽을 정도로 부유했던 나라였다. 그래서 수도 부에노스 아이레스의 중심 거리와 건물은 이 도시를 '남미의 파리'라 불리게 할 만큼 아름답다. 하지만 부에노스 아이레스를 더욱 특별하게 만드는 것은 문화이다. 플로리다(Florida) 거리를 비롯한 시내 곳곳에는 독창적인 수공예품이 여행자의 발길을 붙잡는다. 또, 뮤지컬 에비타에서 전통적인 탱고 공연, 실험적이고 현대적인 푸에르사 브루타(Fuerza Bruta)에 이르기까지 다양한 공연을 아주 저렴한 가격에 즐길 수 있다.

하지만 부에노스 아이레스에서 딱 한 곳만 봐야 할 상황이라면? 산텔모(San Telmo) 일요시장에 가 볼 것을 추천한다. 건물 같은 하드웨어보다는 문화와 예술이 더 매력적인 부에노스 아이레스를 제대로 느낄 수 있는 곳이 바로 산텔모이기 때문이다.

일요일 아침, 산텔모의 거리는 수공예품과 기념품을 파는 가게가 늘어서고, 순식간에 사람으로 가득 찬다. 사실, 이곳의 수공예품은 에콰도르, 페루와 비교하면 가격이 비싸고 남미의 느낌이 덜 나지만, 산텔모만의 독특한 분위기가 있다. 뭐라고 할까, 좀 더 자유롭고 개성적인 느낌? 해가 갈수록 상업적인 분위기가 더해지긴 하지만 히피적이고 자유로운 특유의 감성은 여전하다.

하지만 산텔모의 진정한 매력은 수공예품보다는 길거리 공연에 있다. 물론 길거리 공연은 다른 나라에도 많지만, 이곳의 공연은 수준이 다르다. 관광객의 팁을 받기 위해 하는 공연보다는 음악가들이 공연 홍보를 위해 거리로 나오는 경우가 많기 때문이다. 전문적인 음악가뿐만 아니라 아마추어들도 거리로 나와 자유를 만끽한다. 좁은 골목길에서 자유롭고 열정적으로 지금 이 순간을 즐기는 그 모습은 가장 남미적인 감성이 느껴지게 한다.

남미의 감성과 매력이 흘러넘치는 산텔모 일요시장. 일요일을 부에노스 아이레스에서 보낼 수 없다면 정말 슬픈 일이 될 것이다.

† **부에노스 아이레스 공항에서 시내 이동** _ 부에노스 아이레스 국제선 공항인 에세이사(Ezeiza)는 시내까지 상당히 멀다. 터미널 C 인근에 저렴한 일반버스가 있으며, 시내까지 2시간 반 정도 걸린다. 마누엘 레온(Manuel Leon) 직행버스는 비싸지만, 시내의 전용 터미널까지 빠르게 갈 수 있다. 도착 후 추가요금을 내고 '아 도르미씰리오(A Dormicilio)'를 요청하면 숙소까지 데려다준다.
국내선 공항인 아에로빠르께(Aeroparque)는 시내에 있어서 택시, 버스로 쉽게 갈 수 있다. 국제공항에서 출발하는 국내선도 있기 때문에 예약 전 반드시 공항을 확인해야 한다.
부에노스 아이레스에서 버스나 지하철을 이용하려면 교통카드인 수베(Sube) 카드를 사서 충전해야만 한다. 수베 카드는 바릴로체 등 다른 도시에서도 구매/이용이 가능하다.

Argentina
039

에비타가 잠든 곳, 레콜레타

부에노스 아이레스는 19세기, 20세기 초반의 현대적이면서도 우아한 분위기가 풍기는 도시인데, 이 분위기를 잘 느낄 수 있는 곳이 바로 레콜레타(Recoleta) 묘지다. 19세기부터 조성된 1만 5천 평 규모의 거대한 레콜레타 묘지는 단순한 공동묘지가 아니다. 아르헨티나 독립전쟁 영웅, 대통령, 노벨상 수상자 등 역사적인 인물의 무덤이 정교한 대리석 조각상과 함께 있어 조각공원이나 박물관을 방불케 한다.

수많은 무덤 중 관광객들이 가장 많이 찾는 곳은 영화 '에비타(Evita)'의 주인공, '에바 페론(Eva Peron)'이 잠들어 있는 곳이다. 아르헨티나 현대사에 큰 영향을 미친 후안 페론 대통령의 부인, 에바 페론은 삼류배우 출신으로 퍼스트레이디까지 올라 파격적인 복지정책으로 대중에게 큰 인기를 얻다 33살이라는 나이에 세상을 떠났다. 그녀의 무덤을 보기 위해 관광객들은 뙤약볕 아래 긴 시간 줄을 서서 기다리는 것도 마다치 않는다. 에바 페론이 아니더라도 무덤에 붙어 있는 망자들의 사진과 사연을 하나씩 보면서 돌아다니다 보면 자신도 모르게 숙연해진다.

† 레콜레타 묘지는 시내 중심가 바로 옆 레콜레타 지역에 있다. 입장료는 없지만, 야간에는 개방하지 않는다. 에비타 묘 앞에서 사진을 찍고 싶다면 아침 일찍 찾아가는 것이 좋다.

147
Argentina

Argentina
040

세상에서 가장 아름다운 서점, 엘아테네오

부에노스 아이레스의 우아함은 전혀 뜻밖의 장소인 서점에서도 즐길 수 있다. 우리나라 '교보문고' 정도 되는 아르헨티나의 대형 서점 '엘아테네오(El Ateneo)' 지점 중 하나가 1919년에 문을 연 오페라 극장을 그대로 활용하고 있기 때문이다. 서점에 들어서면 오페라 극장의 무대와 관객석, 실내 장식이 그대로 남아 있어 경탄을 자아낸다. 귀족들이 앉았을 것 같은 특별석 의자에 앉아서 책을 읽는 사람들, 오페라 무대에 자리 잡은 카페에서 커피를 마시는 사람들, 높은 천장에 그대로 남아 있는 천장화. 빠르게 변화하는 현대에도 옛것을 부수지 않고 그대로 활용하는 것만으로 충분히 아름다울 수 있다는 것을 알려준다. 엘아테네오를 보면 우리는 오래된 소중한 것들을 활용하기 위해 얼마나 노력했었나 하는 진한 아쉬움이 든다.

† 엘아테네오 서점의 주소는 '산타페 거리(Avenida Santa Fe) 1860'. 플로리다 거리 인근에서는 조금 멀어서, 걸어가면 30분 정도 걸린다.

Argentina
041

부에노스 아이레스의 가로수 길, 팔레르모

한국 여행자 사이에 우스갯소리로 '부에노스의 가로수 길'이라 불리는 팔레르모(Palermo)는 부에노스 내에서 부유한 지역으로, 여자들이 특히 좋아하는 곳이다. 지하철을 타고 플라사 이탈리아(Plaza Italia) 역에서 내려 남쪽으로 걸어가면 거리 분위기가 갑자기 달라진다. 복잡한 중심가와 달리 커다란 가로수가 늘어선 거리는 깨끗하면서 조용하고, 가게는 깔끔하고 고급스러운 인테리어로 여유가 묻어난다. 청담동이나 신사동의 한적한 거리를 걷는 느낌? 서울에서는 종종 볼 수 있지만, 남미에서는 좀처럼 마주칠 수 없는 분위기라 새롭다.

건물 벽에 나무와 잎사귀로 만든 커다란 간판, 예쁜 옷을 씌운 가로수, 개성적인 그래피티부터 센스 만점의 강아지 주차구역까지. 대단한 볼거리가 있는 곳은 아니지만 재미있는 거리와 상품들을 둘러보는 것만으로 시간이 금방 지나간다. 현대적인 길거리를 좋아하는 사람이라면 잔잔한 재미가 숨어 있는 팔레르모를 찾아가 보길.

Argentina

Argentina
042

탱고의 향기에 흠뻑 젖다

부에노스 아이레스 하면 탱고(Tango, 스페인어 발음은 '땅고'), 탱고 하면 부에노스 아이레스다. 부에노스에는 탱고 공연을 하는 수백 개의 탱게리아(Tageria, 탱고 공연장)가 있는데, 대부분의 공연장은 레스토랑 한쪽에 조그만 무대를 설치해 놨다. 그래서 식탁에 앉아 와인을 즐기며 눈앞에서 펼쳐지는 댄서와 악단의 공연을 볼 수 있다. 2~3만 원 정도의 싼 공연부터 10만 원이 넘는 비싼 공연까지 있어서 선택의 폭도 넓다.

공연장에 도착해 와인을 마시고 있으면 어둠 속에서 피아노 소리가 울려 퍼지고 바이올린, 반도네온, 콘트라베이스가 등장해 감미롭고 부드러운 탱고의 선율이 울려 퍼지기 시작한다. 악단의 연주가 끝나면 탱고가 이어지는데, 댄서들이 공중제비하고 피겨 스케이팅처럼 우아하게 서로의 주변을 회전하며, 환상적인 몸짓으로 리듬을 탄다. 상상하지 못했던 춤과 음악, 감미로운 노래에 저절로 탄성이 터져 나오고, 관객들은 춤이 끝날 때마다 힘차게 박수를 친다. 로맨틱하면서 강하게 울려 퍼지는 가수의 목소리도 사람들을 공연으로 푹 빠져들게 한다. 부에노스 아이레스에 온다면 절대 놓치지 말아야 할 것이 탱고 공연이다.

† 부에노스 아이레스 시내에는 각종 탱고 공연 티켓을 저렴하게 파는 곳들이 있다. 라바예(La Valle) 거리 인근에 모여 있는데, 자세한 정보는 숙소에 문의하면 된다.

Argentina
043

무지갯빛 거리를 걸으며, 카미니토

부에노스 아이레스 옛 항구 옆에 자리한 라보카(La Boca) 지역은 마라도나를 배출한 프로축구팀 '보카 주니어스(Boca Juniors)'와 탱고의 발생지로 유명하다. 하지만 항구가 쇠락하고 범죄율이 높아지면서 대낮에 거리를 걷는 것도 조심해야 할 정도로 치안 상태가 안 좋은 곳으로 전락했다. 몰락해 가던 부둣가 거리, 카미니토(Caminito)는 화려한 원색으로 칠해진 건물이 인기를 얻으면서 최고의 관광명소 중 하나로 떠올랐다.

카미니토는 사실 길이가 겨우 100미터를 넘을 것 같은 조그만 거리다. 그 작은 지역에 관광객이 몽땅 몰리다 보니 온통 관광객과 기념품 가게, 손님을 유혹하는 식당 종업원과 팁을 노리는 거리 예술가로 북새통이다. 사람과 돈이 몰려 상업적인 곳으로 변했지만, 그래도 카미니토의 거리는 아름답다. 원색으로 칠해진 건물과 거리의 그래피티, 독특한 인테리어를 한 가게들은 카미니토만의 느낌을 한껏 발산한다. 여행자들은 이 작은 거리를 몇 번이고 오가면서 거리에 가득한 활기와 사람을 즐긴다.

Argentina

간혹 카미니토의 상업적인 분위기에 실망하는 사람들도 있지만, 외국인이 서울에 오면 인사동 거리를 꼭 가 보는 것처럼 부에노스 아이레스에서 빼놓기 힘든 곳이다.

† 부에노스 아이레스는 여느 남미 대도시처럼 치안 상태가 안 좋아서 여행자 상대 강도 사건이 자주 발생한다. 그중에서도 카미니토가 있는 라보카 지역이 가장 나쁜 편이다. 따라서 경찰이 있는 카미니토 거리에서 밖으로는 나가지 말고, 시내에서 이동은 반드시 버스나 택시로 해야 한다.

Argentina
044

악마의 목구멍 속으로, 이과수 국립공원

나이아가라, 빅토리아 폭포와 함께 세계 3대 폭포 중 하나인 이과수 폭포. 하지만 '이과수'라는 이름의 폭포는 엄밀히 말해 존재하지 않는다. 아르헨티나와 브라질 접경지역에 푸에르토 이과수(Puerto Iguazu)라는 도시가 있고, 인근에 이과수 국립공원(Parque Nacional Iguazu)이 있다. 국립공원 안에는 270여 개의 폭포가 있는데, 그 많은 폭포를 일일이 부를 수 없어서 이 지역에 있는 폭포를 통틀어 '이과수 폭포'라고 부르는 것이다.

푸에르토 이과수에 도착하자마자 엄청나게 높은 습도가 얼굴에 확 느껴진다. 폭포에서 나오는 대량의 수증기가 대기로 계속 공급되기 때문에, 1년 내내 습도가 80~90%에 이른다. 거기에 정글의 고온이 더해져서 드넓은 이과수 국립공원을 돌아보는 동안 계속해서 무더위와 싸워야 한다.

국립공원을 찾아온 관광객을 제일 먼저 맞이하는 것은 너구리 사촌인 코아티(Coati) 무리. 음식 냄새를 맡으면 집요하게 달려들어 가방을 열어서까지 뺏어가는 걸로 유명한 놈들이다. 코아티 무리를 지나 국립공원에 들어서면 폭포를 아래에서 보는 Lower Trail 코스와 위쪽에서 보는 Upper Trail 코스가 있다.

먼저 Lower Trail 코스에 있는 산마르틴 섬(Isla San Martin)에 들어가면 산마르틴 폭포를 비롯해 일렬로 늘어선 폭포들을 볼 수 있다. 이어서 Upper Trail을 따라 끝까지 가면 이과수 국립공원의 하이라이트, 무시무시한 굉음을 내며 물을 토해내는 '악마의 목구멍(Garganta del Diablo)'이 등장한다. 어마어마한 양의 물과 수증기 때문에 전체 모습을 제대로 보기 힘들 정도로 엄청난 에너지가 뿜어져 나온다. '와!'라는 말 이외에 어떤 말도 나오지 않을 만큼 거대한 자연의 힘이 느껴진다.

† **이과수 국립공원 찾아가기** _ 부에노스 아이레스에서 18시간, 살타에서 22시간 정도 걸리며, 브라질 리우 데 자네이루(Rio de Janeiro)까지는 24시간이 걸린다. 푸에르토 이과수 시내에서 이과수 국립공원까지는 버스로 금방 갈 수 있다. 이과수는 습도가 아주 높아서, 돌아다니는 내내 물을 많이 마시게 된다. 국립공원 안에서 파는 물과 음식은 비싸기 때문에 물과 간식을 충분히 가져가는 것이 좋다.
산마르틴 폭포 아래로 들어가는 보트 투어는 공원 안에서 바로 신청하면 된다. Lower Trail에 있는 산 마르틴 섬 근처에 가면 보트가 줄지어 기다리고 있다.

045 Argentina

차원이 다른 소고기의 맛, 아르헨티나 소고기 요리

아르헨티나 사람들이 가장 많이 먹는 고기는? 당연히 소고기다. 좀 과장하자면 소고기 외에는 다른 고기를 먹지 않는다고 말할 수 있을 정도다. 수천 킬로미터의 해안선이 있지만, 해물은 냉동생선을 튀긴 것을 가끔 볼 수 있는 정도이고, 돼지고기는 아예 찾아보기 힘들다. 그나마 간간이 보이는 닭고기 요리도 대중적이라고 말하기 힘들 만큼 아르헨티나 사람들의 소고기 사랑은 각별하다. 그래서인지 정육점에 가면 우리처럼 소고기를 몇백 그램 단위로 사는 것이 아니라 5킬로그램, 10킬로그램 단위로 사곤 한다.

초리빤(Choripan)

아사도

사람보다는 소가 많다는 아르헨티나지만, 경제 불안이 오랫동안 지속되고 물가가 급등하면서 소고기 가격도 예전보다는 많이 비싸졌다. 그래도 식당에서 먹는 것보다는 고기를 사 먹는 것이 훨씬 싸기 때문에 대부분의 여행자는 직접 요리하는 것을 선호한다.

소고기 요리는 단순한 편이다. 대표적인 요리인 아사도(Asado)는 큼직하게 썬 소고기를 약한 숯불에 오래 구운 '소고기 숯불구이'다. 그 외에 스테이크, 돈가스와 비슷한 밀라네사(Milanesa), 삶은 소고기 정도가 일반적이다. 워낙 고기의 질이 좋아서 특별한 요리법이 필요 없는 것이겠지?

05
Brazil

브라질 - 뜨거운 삼바의 열정에 빠지다

제리코아코아라
나탈
포르투 데 가리냐스
렌소이스
살바도르
일야 그란데
리우 데 자네이루

Brazil
046

뜨거운 브라질의 해변, 리우 데 자네이루

나폴리·시드니와 함께 세계 3대 미항으로 꼽히는 곳, 브라질에 온 여행자들이 빠지지 않고 들르는 곳은 리우 데 자네이루(Rio de Janeiro, 현지 발음 '히우 지 자네이루')다. 리우에서 가장 유명한 관광지는 코르코바도(Corcovado) 언덕 위의 예수상(Cristo Redentor). 독립 100주년을 기념하여 세웠는데, 높이 38미터, 무게가 1,145톤에 이른다. 거대한 조각상도 멋있지만, 언덕 위에서 보이는 길게 뻗은 코파카바나(Copacabana) 해변과 이파네마(Ipanema) 해변이 장관이다.

밤새 뜨거운 열정을 불태울 수 있을 것 같은 코파카바나 해변으로 내려간다. 대서양을 마주 보고 있는 넓은 백사장에는 강한 파도가 몰아치고 사람들은 해변에서 햇살과 물놀이를 즐긴다. 브라질답게 모래사장 위에서 축구를 하는 사람들을 자주 볼 수 있는데 '동네 축구' 실력도 장난이 아니다. 간단한 간식과 음료를 파는 가게인 란쇼네치(Lanchonete) 앞에 사람들이 모여 있어 무슨 일인

가 보면, 모두 TV로 축구 경기를 보고 있다. 사람들은 함께 소리 지르고 탄식하며 축구에 빠져 있다. 역시 브라질은 축구의 나라다.

해변에만 있으면 리우가 자유롭고 열정적인 도시일 것 같지만, 실제 현실은 조금 다르다. 도심 곳곳에 마약조직이 대부분 장악하고 있는 거대한 빈민가가 형성되어 있다. 빈민가는 경찰 통제가 힘들고, 총기 살인만 매년 천 건 이상 일어날 정도로 치안이 불안하다. 거기에 물가도 도미토리(dormitory, 다인실)가 20~30달러씩 할 정도로 남미에서 가장 비싼 편이다. 하지만 리우만 보고 브라질의 매력을 과소평가해서는 안 된다. 리우는 브라질이 가지고 있는 매력 중 아주 작은 부분일 뿐이기 때문이다. 남미 절반을 차지하는 거대한 브라질 땅에는 우리가 잘 모르는 수많은 볼거리가 가득하다.

† **리우 데 자네이루 찾아가기** _ 푸에르토 이과수에서 24시간, 포즈 두 이과수(Foz do Iquaçu)에서 20시간, 상파울루(São Paulo)에서 6시간 걸린다. 브라질은 골 항공(www.voegol.com.br) 등 저가항공이 발달해 있어서 일찍 예매하면 저렴하게 이용할 수 있다.

브라질의 버스터미널에는 인포메이션 센터가 잘 갖추어져 있다. 직원들이 보통 영어를 할 줄 알기 때문에 시내 이동 방법을 자세히 물어보고 출발하는 것이 좋다.

Brazil
047

차분한 휴식이 필요한 시간, 일야 그란데

사람으로 붐비는 리우에 지쳤다면 잠시 쉬어 가기 좋은 곳이 가까이에 있다. 일야 그란데(Ilha Grande, 현지 발음 '일야 그랑지')라는 섬인데, 섬 전체가 보호 구역으로 지정되어 있어서 깨끗한 자연을 유지하고 있다. 버스와 배를 타고 직접 가거나, 리우에서 출발하는 투어를 이용하면 된다.

투어를 하면 보트를 타고 일야 그란데 인근 몇 개의 섬을 돌아보는데, 바다를 가르는 보트 위에 누워 시원한 바람을 맞으면 브라질의 더위에 지친 몸이 회복된다. 섬의 해변은 조용하고 깨끗해서 휴식을 취하기 딱 좋고, 무성하게 우거진 숲은 뜨거운 햇살을 피해 시원하게 걷기 좋다. 일야 그란데에서 가지는 휴식은 여행에 지친 몸을 재충전시키는 소중한 시간이 될 것이다.

† **일야 그란데 찾아가기** _ 리우에서 2~3시간 떨어진 앙그라 도스 레이스(Angra dos Reis)에 간 후 배를 타면 된다. 일일투어는 리우의 숙소나 여행사에서 예약할 수 있다.

Brazil

Brazil
048

검은 브라질의 심장, 살바도르

브라질 북동부에는 남부와 다른 또 하나의 브라질이 있다. 일단 인종 구성이 달라지는데, 백인이 많은 남부와 달리 북부는 절대다수가 흑인이다. 그렇다 보니 거리 분위기와 음악, 기념품도 아프리카 흑인 문화가 느껴지는, 남미 어디서도 볼 수 없는 독특한 스타일이다. 거기에 물가도 남부보다 훨씬 싸서 여행자들의 주머니를 든든하게 느끼게 해 준다.

16세기 브라질의 첫 수도로 건설된 살바도르(Salvador, 현지 발음 '사우바도르')는 바이아(Bahia) 주의 주도이자 북동부의 중심지다. 유네스코 세계문화유산으로 지정된 역사지구(Centro Historico)는 남미 다른 나라에선 볼 수 없는 포르투갈 식민지 스타일인데, 오랜 세월의 향기와 함께 브라질 흑인 문화가 그대로 살아 있어 걷는 내내 눈을 즐겁게 해 준다.

남미 속 아프리카를 만날 수 있는
살바도르

언덕 위에 있는 구시가지에서 바다 옆 신시가지로 빨리 내려가려면 커다란 엘리베이터를 타야 한다. 관광객만 타는 것이 아니라 현지인들도 일상적으로 이용하는 엘리베이터라 신기하다. 언덕을 내려가면 바로 앞에 해변과 부두가 있다. 그런데 인구 몇백만의 대도시 바로 옆에 있는데, 어떻게 이렇게 깨끗할까. 거기다 파도까지 잔잔해 남부의 해변과 완전히 다르다. 밤이 되면 역사지구의 거리는 주점이 즐비하게 늘어서고, 사람들은 광장과 거리에서 술, 음악과 춤을 즐긴다. 치안이 안 좋기로 소문난 곳이지만 걱정을 떨쳐 버리고, 흑인 문화를 함께 즐기며 '남미 속의 아프리카'를 만난다.

† **살바도르 찾아가기** _ 리우 데 자네이루에서 버스로 30시간이나 걸린다. 브라질은 버스비가 비싸기 때문에 저가항공을 이용하는 것이 좋은데, 저가항공은 출발이 가까워질수록 급격히 비싸지므로 빨리 예약해야 한다.

살바도르도 여느 브라질 대도시처럼 치안 상태가 아주 안 좋다. 여행자들이 많은 역사지구의 큰 도로는 야간에 돌아다닐 수 있지만, 인적이 드문 지역은 절대 접근하지 말아야 한다. 버스터미널 인근은 위험지역이므로 야간에 도착한다면 택시로 이동하는 것이 낫다.

Brazil
049

모두 함께 즐기는 삼바의 폭풍, 살바도르 삼바 카니발

세계 최고 축제로 꼽히는 브라질 삼바축제. 이 기간에는 브라질 전역이 미친 듯한 축제 열기 속으로 빠져드는데, 규모가 가장 큰 곳이 리우 데 자네이루, 두 번째가 살바도르다. 그런데 리우와 살바도르는 축제 스타일이 완전히 다르다. 리우는 삼바드롬(Sambadrome) 경기장에서 삼바 팀들이 퍼레이드를 펼치고, 관객들은 관람석에 있다. 반면 살바도르는 경기장도 없고, 퍼레이드 대열에서 반나체로 몸을 흔드는 야한 무희도 없다. 대신 밴드와 가수가 초대형 트레일러 위에서 연주하고, 사람들은 트레일러를 따라다니며 밤새도록 춤을 추고 노래를 부른다. 살바도르 삼바축제는 경기장이 아니라 거리에서 모두가 참여하는 축제다.

트레일러 가까이에서 함께 다니고 싶다면 아바다(Abada)라 부르는 티셔츠를 사야 한다. 그래야 트레일러 주변에 밧줄을 쳐서 만든 블로꼬(Bloco) 안으로 들어갈 수 있기 때문이다. 아바다 가격은 가수와 밴드가 얼마나 유명한지에 따라 정해지는데, 하루에 몇만 원에서 몇십만 원에 이를 정도로 만만치 않다.

세계 최고의 브라질 삼바축제

동네 아주머니, 할머니들이 준비한 소박한 퍼레이드

하지만 아바다를 안 사더라도 충분히 축제를 즐길 수 있다. 도로 옆에서 브라질 사람들과 함께 행렬을 구경하거나 블로꼬 뒤를 따라다닐 수 있기 때문이다. 거리를 걷다 보면 동네 아주머니, 할머니부터 유치원생까지 다양한 사람들이 함께 춤추며 행진을 하고 있다. 조잡한 의상에 춤추는 동작도 어설프지만, 함께 웃고 즐기는 것. 이것이 진정한 축제의 본질이 아닐까. 유명 가수가 나오는 값비싼 트레일러 행렬보다 동네 주민들끼리 함께 축제를 즐기는 모습이 더 흥겹게 느껴진다.

모두가 어울려 즐거워하는 것이 진정한 축제가 아닐까?

† **살바도르 삼바 축제 즐기기** _ 가장 머리 아픈 문제는 숙소. 축제 동안 숙박비가 10배 가까이 오르고 1주일 단위로만 예약을 받기 때문에 아주 비싸다. 대안으로 시내에서 멀리 떨어진 숙소를 이용하거나 축제가 시작된 뒤에 와서 남아 있는 방을 며칠만 빌릴 수 있다. 축제는 보통 1주일간 진행되는데 매일 비슷하니 꼭 첫날부터 볼 필요는 없다.
축제 기간엔 거리에서 성추행이 아주 심하기 때문에 여자들은 남자와 동행하여 다니는 것이 좋다.

Brazil
050

검은 강물과 푸른 동굴,
렌소이스

독특한 자연경관으로 유명한 렌소이스(Lençois)는 바이아 주의 차파타 디아만 티나(Chapata Diamantina, 현지 발음 '차빠따 지아만치나') 주립공원 안에 있는 작은 마을이다. 마을을 벗어나자 개울에 검은 강물이 흐른다.

아마존 강 유역은 미네랄 때문에 검은빛을 띠는 강물이 있는데 이곳이 그런 것이다. 겉보기에는 검은색이지만 손으로 떠보면 투명할 정도로 깨끗하고 물고기도 살고 있다.

투어 차량을 타고 마을을 벗어나면 사방은 절벽이고 정상은 평평한 산들이 보인다. 베네수엘라의 거대한 테푸이(Tepui)에 비할 바 아니지만, 정상에 쉽게 올라갈 수 있다는 장점이 있다. 산보다 멋진 것은 아름다운 물이 담겨 있는 동굴들. 프라티냐(Pratinha, 현지 발음 '쁘라치냐') 동굴 안에는 투명한 연하늘색 연못이 있고, 동굴에서 흘러나온 물은 호수가 되어 여행자들의 작은 놀이터가 된다.

† **렌소이스 찾아가기** _ 살바도르에서 버스로 6시간 걸린다. 숙박비는 대도시와 비교하면 아주 저렴하고 여러 종류의 투어와 트레킹이 가능하다. 투어는 마을 중심가에 있는 여행사에서 예약할 수 있다.

Brazil
051

산호 속 수영장, 포르투 데 가리냐스

살바도르 북쪽, 페르남부쿠(Pernambuco) 주의 주도인 헤시피(Recife) 남쪽에는 포르투 데 가리냐스(Proto de Garinhas)라는 작은 해변 마을이 있다. 포르투 데 가리냐스는 '닭의 항구'라는 뜻인데 노예 밀수선이 드나들던 시절, 노예를 '닭' 이라고 부르면서 유래된 지명이다. 어두운 역사를 가진 곳이지만 지금은 브라질 최고 해변 중 하나로 고급 호텔과 식당, 기념품 가게가 즐비하다.

이 곳의 바다를 처음 보면 '여기가 왜 유명하지?'라는 생각이 든다. 하지만 썰물에 찾아가 보면 완전히 다른 곳이 된다. 물이 빠진 백사장 위로 구름이 반사되어 반짝이고, 수심이 낮아진 바다는 에메랄드 빛으로 변신한다. 무엇보다 놀라운 것은 물이 빠지면서 드러난 산호초. 해변 앞으로 긴 산호초가 일렬로 자리 잡고 있는 것이다. 예쁜 삼각돛이 달린 조그만 돛단배를 타고 산호초 위로 올라가니, 발밑에 성게와 불가사리가 보인다. 왼쪽을 바라보면 망망대해, 오른쪽을 바라보면 바다 너머 야자수가 늘어선 해변이 보인다.

산호초 한쪽, 연못처럼 움푹 파인 곳은 물고기들이 갇혀 커다란 수족관이 된다. 삐시나스 나뚜라이스(Piscinas Naturais), 즉 '자연의 수영장'이라고 불리는 곳이다. 그 속으로 들어가면 엄청나게 많은 물고기가 바로 옆에서 함께 헤엄친다.

포르투 데 가리냐스. 카리브 해변처럼 환상적인 물빛을 자랑하는 곳은 아니지만, 그 어떤 곳에서도 볼 수 없는 독특한 아름다움을 만날 수 있다.

† **포르투 데 가리냐스 찾아가기** _ 살바도르에서 버스로 12시간 거리에 있는 헤시피에 먼저 간다. 버스터미널에서 헤시피 공항까지 대중교통으로 가면 포르투 데 가리냐스행 버스가 있다. 버스터미널 인포메이션 센터에 물어보면 영어로 자세히 알려 준다.

Brazil
052

불타는 모래언덕과 시원한 파도, 나탈

나탈(Natal, 현지발음 '나따우')은 브라질 북동부에서 소문난 휴양지다. 호텔과 리조트가 늘어선 에메랄드 빛 바다도 아름답지만, 나탈이 유명한 이유는 해변을 따라 수십 킬로미터를 뻗어 있는 모래언덕 때문이다.

버기 투어를 시작하면 조그만 버기를 타고 모래언덕을 오르는데 '익사이팅' 그 자체이다. 페루 와카치나에서 탔던 버기보다 훨씬 작은, 경차급 버기이지만 짜릿함은 비교 불가. 안전벨트 없이 차에 있는 가로대를 손으로 잡고 버텨야 하기 때문이다. 모래언덕을 정신없이 오르내리는 버기를 따라 몸은 좌우로 흔들리고 붕 날아오르기도 한다. 위험해 보일 수도 있지만 그러기에 더 흥분되고 몸속에서 아드레날린이 마구 솟구친다. 언덕 위에 오르자 야자수가 늘어선 바다와 모래언덕, 호수가 한눈에 펼쳐진다. 이 모든 것을 한꺼번에 볼 수 있다는 사실 하나만으로도 나탈은 놀라운 곳이다.

† **나탈 찾아가기** _ 헤시피에서 5시간, 포르탈레자(Fortaleza)에서 9시간 걸린다. 숙소가 몰려 있는 폰타 네그라(Ponta Negra) 해변은 나탈 버스터미널에서 시내버스로 30분 정도 더 가야 한다. 버기 투어는 숙소나 여행사에서 예약할 수 있다.

Brazil
053

제리의 시간은 느리게 흐른다, 제리코아코아라

브라질에서 꼭 다시 가고 싶은 곳을 뽑으라고 한다면 대답은 늘 '제리, 나의 제리'. 제리코아코아라(Jericoacoara)는 브라질 북동부 포르탈레자 서쪽에 있는 작은 마을이다. 트레일러 위에 좌석을 올려 만든 허슬한 버스를 타고 비포장도로와 모래사장을 달려 도착한 곳. 첫인상은 그다지 좋지 않다. 바닷물은 칙칙하고 큰 건물이나 그럴듯한 식당조차 없는 마을은 궁색해 보인다.

하지만 하루 이틀 머물다 보면 제리의 매력에 빠져든다. 손바닥만 한 마을엔 주소도 없고 도로도 없다. 하루 두세 번 오는 장거리 버스 말고 마을을 돌아다니는 버스나 택시도 없는 이곳에서는 바쁘게 돌아다닐 이유가 전혀 없다. 주민도 관광객도 제리에서는 누구나 느리고 느긋하게 걸어 다닌다. 치안이 나쁜 브라질을 여행하면서 한시도 긴장을 놓지 못했던 마음이 어느 순간 무장해제된다.

제리에서는 모든 것이 느리게 흘러간다. 온통 모래사장이라 걷기 편안한 마을 길을 걷다 보면 해안가 모래언덕에 다다른다. 언덕 위로 올라가면 샌드보딩이나 산책, 승마를 즐기는 사람들의 모습이 보이고, 저 멀리 바닷가에선 카포에이라(Capoeira) 공연이 펼쳐진다. 마을을 벗어나 한참을 걸으면 모래언덕 사이에 아름다운 호수들이 자리 잡고 있다. 푸른색으로 빛나는 호수에서 수영하고 시원한 맥주 한 잔을 마시니 세상의 모든 걱정이 사라지는 것 같다.

제리를 만나면 멋진 풍경이나 근사한 도시가 있어야만 최고의 여행지가 아니라는 것을 알게 된다. 온몸과 마음이 편안해져 떠나는 것마저 잊어버리게 되는 곳. 늘 제리가 그립다.

† **제리코아코아라 찾아가기** _ 일단 포르탈레자에 먼저 가야 한다. 제리행 버스가 포르탈레자 공항과 터미널에서 출발하는데, 중간에 비포장도로용 트레일러로 갈아타게 되며 6시간 정도 소요된다.

화려하지 않기에 너무나 편안한
제리의 시간

Brazil 054

노예들의 슬픔이 담긴 전통 무술, 카포에이라

브라질 북부에 가면 거리에서 한 무리의 사람들이 둥글게 모여 리듬에 맞춰 손뼉 치는 것을 쉽게 볼 수 있다. 무슨 공연 중인가 싶어 다가가면 한창 카포에이라(Capoeira)를 수련 중이다. 카포에이라는 사탕수수 농장에 끌려온 흑인 노예들이 자신의 몸을 보호하려고 만든 전통 무술이다. 무술인 것을 숨기기 위해 춤 동작처럼 음악에 맞추도록 만들었다고 한다. 지금은 아무나 제한 없이 배울 수 있게 되었지만, 그 속에는 노예들의 슬픔과 한이 담겨 있는 것이다.

흰색 유니폼을 입은 사람들이 둥글게 원을 만들고 두 사람씩 가운데로 나와 대련을 한다. 두 사람은 음악에 맞춰 몸을 흔들며 춤추듯이 발차기 하고 물구나무서고 공중제비를 돈다. 신체 접촉을 피하면서 즐기는 듯 몸을 움직이지만, 약점을 노리고 기회를 잡아 공격하는 것이 느껴진다. 실력이 뛰어난 사람을 보면 이건 무술이나 춤보다는 곡예에 가까울 정도다.

꼬마부터 아저씨, 아리따운 처녀부터 아줌마까지, 남녀노소가 함께 모여 몸을 단련하는 것조차 즐기는 것을 보면 브라질 사람들의 유쾌함과 열정이 다시 한번 느껴진다.

055 Brazil

입이 즐거운 거리의 만찬, 브라질 길거리 음식

남미 다른 나라보다 물가가 전반적으로 비싼 브라질에서 배낭여행자가 매번 식당에서 밥을 먹는 것은 부담스러운 일. 다행히 브라질에는 다양한 길거리 음식이 있어서 저렴하게 식사를 즐길 수 있다.

열대 지방인 브라질에서 가장 흔한 길거리 음식은 코코넛을 이용한 것이다. 타피오카(Tapioca)는 우리나라에서 버블티 펄에 쓰는 타피오카 전분을 전처럼 구운 후 코코넛 속살, 연유 같은 여러 재료를 취향에 따라 넣어 먹는데, 타피오카의 쫄깃함과 코코넛의 부드러움이 멋진 조화를 이룬다. 그 외에도 옥수수 가루로 만든 떡 위에 코코넛 속살을 올린 꾸스꾸스(Cuscuz), 코코넛 속살을 튀긴 꼬꼬(Coco), 코코넛 속살에 설탕을 넣은 꼬까다(Cocada) 등 다양한 코코넛 먹거리를 거리에서 즐길 수 있다.

타피오카

꼬까다

바이아 주에 가면 예쁜 전통의상을 입은 아줌마들이 아까라제(Acaraje)라는 음식을 길거리에서 파는데, 바이아 주 홍보 포스터에도 들어갈 만큼 유명하다. 튀긴 도넛 사이에 새우와 각종 채소를 넣고 매콤한 소스를 뿌려 준다. '바이아식 전통 새우버거'인 셈이다. 처음 먹으면 조금 느끼하고 새우 맛이 너무 진해서 거북하지만, 은근히 중독적이라 또 찾게 된다.

가장 반가운 곳은 칵테일을 파는 포장마차. 베이스로 넣을 술과 과일을 선택하면 즉석에서 생과일 칵테일을 만들어 준다. 사탕수수로 만든 술인 까샤사(Cachaça)가 주로 쓰이는데 파인애플을 넣으면 까이삐리냐(Caipirinha), 포도를 넣으면 까이삐우바(Caipiuva)라 부른다. 길에서 저렴한 칵테일을 마실 수 있어서 좋기도 하지만 과일과 술을 고르는 재미도 쏠쏠하다. 단, 치안이 안 좋은 대도시에서 취할 정도로 술을 마시는 건 금물.

아까라제

06
Ecuador

에콰도르 - 편안함이 넘치는 인디오의 나라

인디오 문화가 물씬 느껴지는 오타발로의 거리

Ecuador
056

인디오의 도시, 오타발로

에콰도르는 인접한 페루, 볼리비아와 비교하면 여행자들이 잘 찾지 않는 곳이다. 마추피추나 우유니처럼 여행자의 관심을 확 끄는 명소가 없고, 상대적으로 볼거리가 부족하기 때문이다. 하지만 에콰도르는 인디오의 전통과 문화를 보기 아주 좋은 곳이다.

그중 가장 유명한 도시는 키토(Quito) 북쪽에 있는 오타발로(Otavalo)로 에콰도르에서 인디오 자치가 가장 잘 이루어지는 곳이다. 오타발로에 도착하면 우리나라 댕기 머리 같은 전통 머리와 전통 복장을 하고 일상생활을 하는 인디오들이 대부분이다. 페루나 볼리비아에서는 관광객을 상대하거나 깊은 산 속에 사는 사람들이 아니라면 좀처럼 볼 수 없었던 모습이다. 특히 쿠스코나 라파스 같은 곳에서는 전통 복장을 한 아주머니와 아이들이 길에서 구걸하는 경우가 많았는데, 오타발로 주민들은 일상 속에서 전통을 지키고 있고 생활 수준도 다른 도시들에 비해 높아 보인다. 수백 년 동안 정복자들에게 착취당했고 지금도 대다수가 힘든 삶을 사는 인디오들의 모습에 남미를 여행하는 내내 무거웠던 가슴 한편이 가벼워지는 것 같다.

해가 진 후 도시 중심에 있는 폰초 광장(Plaza de Poncho)을 찾아가자 연기가 자욱하다. 인디오 전통만큼이나 매력적인, 에콰도르 길거리 음식을 파는 포장마차 때문이다. 닭다리, 소곱창 같이 싸고 맛있는 길거리 음식으로 포식하고 돌아오는 길. 알록달록한 조명을 환히 밝힌 거리의 모습에 괜히 마음이 푸근해진다.

† **오타발로 찾아가기** _ 키토 북부 터미널인 까르셀렌(Carcelen)에서 2시간 걸리고 버스는 수시로 출발한다. 콜롬비아에서 내려올 경우 에콰도르 국경도시인 툴칸(Tulcan)에서 3시간 소요. 오타발로 터미널은 중심가 가까이 있기 때문에 도보로 충분히 이동할 수 있다.

Ecuador
057
정겨움이 넘치는
오타발로 주말시장

여행자들이 오타발로를 찾는 이유는 사실 매주 토요일마다 아주 큰 전통시장이 열리기 때문이다. 평소 조용하고 한적한 이 작은 도시는 토요일만 되면 분위기가 완전히 달라진다. 폰초 광장으로 이어지는 길에는 상인들이 이른 아침부터 빼곡하게 천막을 치고 손님을 기다리고 있다.

인디오 전통 디자인의 옷부터 알파카 털로 만든 목도리와 장갑, 전통 모자와 악기, 나무와 자기로 만든 그릇, 귀여운 알파카 인형 등등. 볼거리가 너무 많아서 천천히 보다가는 다 돌지도 못할 것 같다. 마음 같아서는 전부 하나씩 사고 싶지만, 장기 배낭여행자에겐 돈도 없고, 들고 다닐 자신도 없다. 사고 싶은 마음을 누르고 구경만 하는 것도 정신적 고문이다. 특히 은과 다양한 색깔의 돌, 조개껍데기로 정교하게 만든 목걸이 같은 장신구가 눈길을 사로잡는다. '이런 건 배낭에 넣어도 무게가 안 나가잖아!' 결국, 거금 몇만 원을 들여 목걸이를 사고 뿌듯해져서 다시 걷는다.

Ecuador

사람이 가득한 거리를 지나 폰초 광장에 도착하자 전통 옷을 차려입은 아주머니들이 옥수수, 콩, 과일, 채소를 팔고 있고, 그 옆으로 통돼지 바비큐, 튀긴 생선, 닭고기 수프 등 우리에게도 친숙한 음식을 파는 가게가 늘어서 있다. '시장 구경은 뭐니 뭐니 해도 먹거리!' 통돼지 바비큐를 시켜 배부르게 먹으며 푸근한 인상의 인디오 아주머니와 도란도란 이야기를 나눈다. 전통 복장을 하고 시장에 앉아 이야기를 나누는 사람들의 모습이 몇십 년 전 우리네 시골 장터를 보는 것 같아 마음이 푸근해지는 하루다.

† 오타발로 '주말' 시장은 당연히 토요일에만 열린다. 오후가 되면 가게가 하나둘 문을 닫기 시작하기 때문에 가능한 아침 일찍부터 구경하는 것이 좋다.

Ecuador
058

지구의 중심, 키토

해발 2,850미터 키토(Quito)는 남미의 수도 중 볼리비아 라파스 다음으로 높은 곳에 자리 잡고 있다. 키토 구시가지는 스페인 식민지 시절 건물이 잘 보존되어 있어서 1978년 유네스코 세계문화유산으로 등재되었다. 명성에 비해 지저분하고 치안이 불안한 면이 있었지만, 최근 몇 년간 많이 개선되어 깔끔하고 아름다운 면모를 회복하였다.

구시가지 중심에 있는 그란데 광장(Plaza Grande)은 19세기 초 스페인에서 독립한 것을 기념하기 위해 만들어진 곳이라 독립 광장(Plaza de la Indepencia)이라고도 불린다. 광장 중간에 잘 꾸며진 정원이 있고, 주변에 고급 호텔과 여행자 정보센터 같은 편의시설이 많아서 항상 여행자들로 북적거린다. 구시가지에서 가장 아름다운 곳을 꼽으라면 산프란시스코 대성당과 그 앞에 있는 광장. 유럽 성당처럼 거대하고 화려하지는 않지만, 고산의 새파란 하늘 아래에서 하얗게 빛나는 성당은 소박한 아름다움이 있다.

구시가지 옆에 있는 나지막한 파네시요(El Panecillo) 언덕은 태양의 신전이 있던 자리로 전해진다. 식민 시절을 거치면서 신전은 없어지고 그 자리에 성모마리아 상이 세워져 키토를 내려다보고 있다. 거리를 따라 북쪽으로 걷다 보면, 멀리 고딕 양식으로 지어진 바실리카(Basilica) 성당의 첨탑이 보인다. 유럽에서는 어디를 가나 볼 수 있는 양식이지만 남미에서 이런 성당을 보니 새롭게 느껴진다.

키토는 아름다운 구시가지 말고도 적도가 지나는, 말 그대로 '지구의 중심'인 곳으로 유명하다. 키토에서 버스를 타고 한 시간쯤 달리면 적도가 지나가는 곳이 있고, 주변에 적도 기념비와 박물관이 있어서 키토를 여행하는 사람이라면 한 번쯤 들러 볼 만하다.

† **키토 찾아가기** _ 남미에서 상당히 작은 편에 속하는 에콰도르이지만 역시 이동시간은 많이 걸린다. 과야킬(Guayaquil)에서 8시간, 쿠엔카(Cuenca)에서 10시간 정도 걸리며, 리마에서 키토는 버스로 40시간이나 걸리기 때문에 항공편을 이용하는 게 좋다. 타메(www.tame.com.ec), 란(www.lan.com), 아비앙카(www.avianca.com) 항공이 운항한다.
키토 공항은 시내까지 아주 멀다. 택시나(25~30달러, 지역별로 가격이 정해져 있음) 공항버스를 이용할 수 있다.

옛 시절의 향취가 물씬 나는
키토의 구시가지

Ecuador
059

라틴아메리카의 슬픔과 아픔, 과야사민 미술관

콜롬비아를 대표하는 화가가 페르난도 보테로(Fernando Botero)라면, 에콰도르에는 오스왈도 과야사민(Oswaldo Guayasamin)이 있다. 키토에 있는 과야사민 미술관(Museo Guayasamin)에 가면 과야사민의 생가와 함께 대표작품들을 만날 수 있다. 가정집처럼 편안한 분위기의 과야사민 생가에서는 그가 작업하던 작업실과 침실, 수집품을 그대로 볼 수 있다. 또 천정에서 들어오는 자연채광을 이용해 작품 원래 색을 그대로 감상할 수 있어서, 미술관이 아니라 그림이 많은 카페에 온 느낌이다.

이에 반해 커다란 사각형으로 태양의 신전을 본떠 만든 까뻬야 델 옴브레옴브레(Capilla del Hombre)는 벽 한 면을 가득 채울 만큼 큰 대형 작품이 주로 전시되어 있다. 세계적인 거장 과야사민을 위해 각국의 정부, 기업, 대학에서 지원한 기부금으로 지어진 곳이라 더욱 뜻깊게 다가온다.

과야사민의 그림을 보면, 사람들은 말라서 뼈만 앙상하고 표정에선 절망감이 묻어난다. 색조마저 어두워서 전체적으로 아주 우울한 분위기다. 콜롬비아의 보테로가 모든 것을 둥글둥글하고 살찌게 그려 남미 특유의 유머와 해학을 작품에 표현했다면, 과야사민은 '라틴아메리카의 슬픔과 아픔'을 보여 주기 때문이다. 그림 속 인물들은 무자비한 지배자에게 착취당해 깡말라 있고 피를 흘리며 고통 속에서 괴로워한다. 수백 년간의 식민지배에서 모든 것을 빼앗긴 라틴아메리카의 과거와 현재가 그림 속에 담겨 있어서 그림을 보고 있으면 저절로 감정이입이 된다. 우리도 아픈 역사를 많이 겪었기 때문이 아닐까? 과야사민 미술관은 미술에 크게 관심이 없는 사람이라도 많은 것을 느낄 수 있는 곳이다.

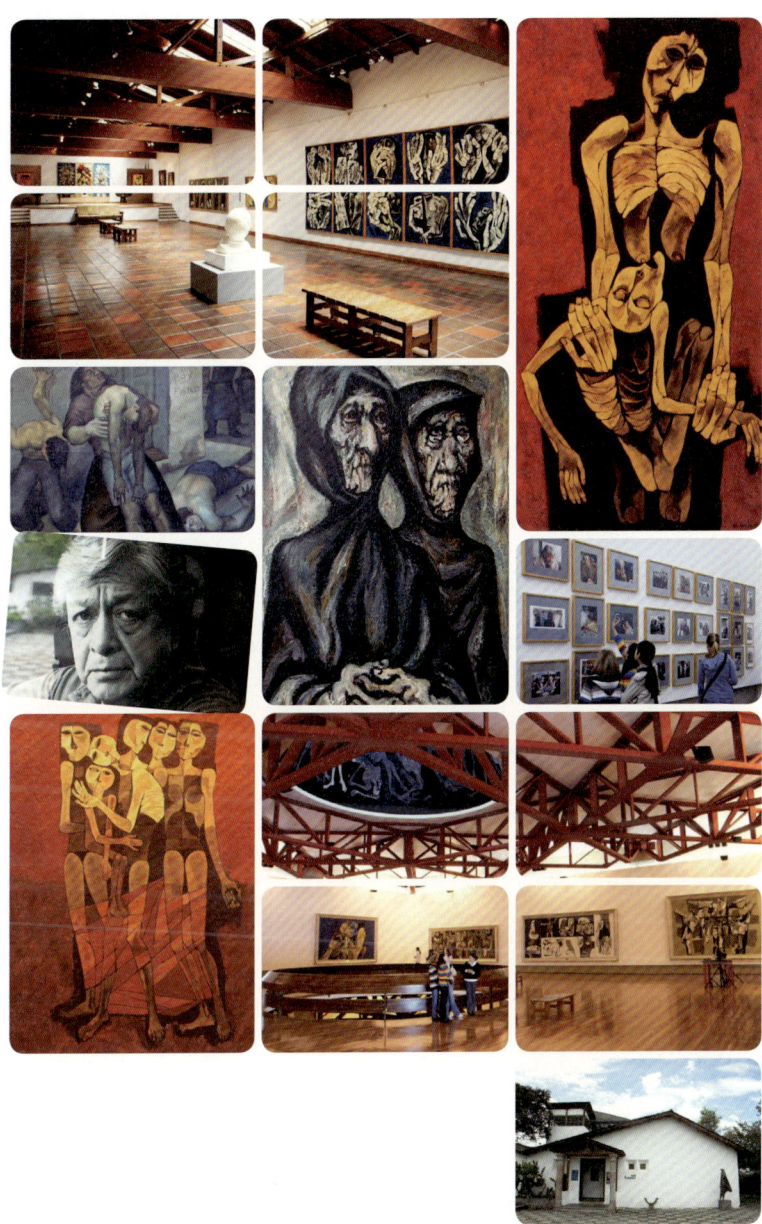

Ecuador

고향처럼 편안한 바뇨스의 산과 마을

Ecuador
060

아늑한 숲의 품에 안기다, 바뇨스

대도시보다 자연을 좋아하는 여행자에게 아름다운 풍경 속 작은 마을을 발견하는 것은 아주 큰 기쁨이다. 칠레의 푸콘, 아르헨티나의 칼라파테와 바릴로체, 멀리 터키의 괴레메와 네팔의 포카라 같은 곳에 가면 '언젠가 여기서 꼭 살아 보리라'고 결심하게 된다. 에콰도르에서 찾아낸 또 하나의 마을은 바뇨스(Baños)다.

바뇨스는 산으로 둘러싸인 작은 마을이다. 처음 바뇨스에 와서 둘러보면, 특별히 아름답거나 멋있지는 않다. 작은 산골 마을은 푸콘처럼 예쁜 집과 눈 덮인 화산이 있는 것도 아니고, 바릴로체처럼 넓은 호수와 설산이 있는 것도 아니다. 하지만 환상적인 풍경이나 예쁜 건물이 없더라도 최고의 여행지가 될 수 있다. 소박한 건물이 옹기종기 모여 앉은 조그만 마을은 느긋하게 지내기 좋고, 맛있는 먹거리와 깔끔한 숙소는 가격까지 저렴해 가난한 배낭여행자의 주머니를 든든하게 만들어 준다. 또, 푸른 산속에 완전히 파묻힌 마을은 우리나라 시골 마을에 놀러 온 것 같아서 심리적인 안정을 준다.

그렇다고 바뇨스가 아무것도 없는 시골 마을은 아니다. 바뇨스는 콜롬비아 산힐(Sangil)과 함께 다양한 아웃도어 레포츠를 즐길 수 있는 곳으로 유명하다. 래프팅, 산악자전거부터 절벽과 급류를 내려가는 캐녀닝(Canyoning), 암벽등반에 승마, 번지점프까지. 거의 모든 종류의 레포츠를 저렴한 가격에 즐길 수 있다. 또 한 가지 유명한 것은 폭포수 아래 있는 노천 유황온천. 짜릿한 레포츠를 즐긴 후 유황온천에 몸을 담그고 저무는 석양을 보며 피로를 푸는 것이 이곳의 매력이다.

무엇보다 좋은 것은 바뇨스의 사람들. 많은 여행자가 몰려드는 곳이지만 아직 상업주의에 물들지 않아서 이곳에 머무는 시간은 더욱 즐거워진다. 저렴한 물가와 깨끗한 숙소, 포근하고 아름다운 자연, 다양하고 저렴한 레포츠, 착한 사람들과 맛있는 먹거리까지. 바뇨스에는 배낭여행자에게 필요한 모든 것이 다 있다.

† **바뇨스 찾아가기** _ 키토의 남부 터미널인 끼뚬베(Quitumbe)에서 4시간, 리오밤바(Riobamba)에서 3시간, 쿠엔카에서 6시간 걸린다. 키토에서 출발하는 버스는 자주 있다. 바뇨스 시내는 아주 작기 때문에 터미널에서 숙소까지 도보로 갈 수 있다.

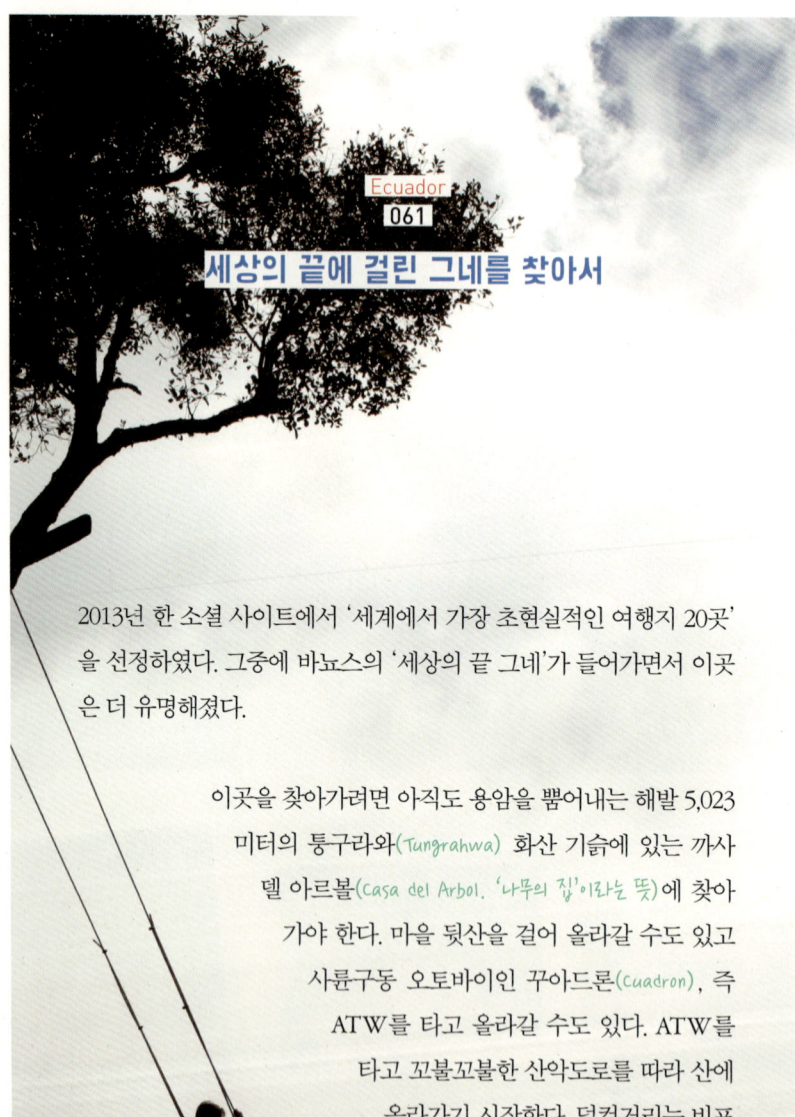

Ecuador
061

세상의 끝에 걸린 그네를 찾아서

2013년 한 소셜 사이트에서 '세계에서 가장 초현실적인 여행지 20곳'을 선정하였다. 그중에 바뇨스의 '세상의 끝 그네'가 들어가면서 이곳은 더 유명해졌다.

이곳을 찾아가려면 아직도 용암을 뿜어내는 해발 5,023미터의 퉁구라와(Tungrahwa) 화산 기슭에 있는 까사 델 아르볼(Casa del Arbol, '나무의 집'이라는 뜻)에 찾아가야 한다. 마을 뒷산을 걸어 올라갈 수도 있고 사륜구동 오토바이인 꾸아드론(Cuadron), 즉 ATW를 타고 올라갈 수도 있다. ATW를 타고 꼬불꼬불한 산악도로를 따라 산에 올라가기 시작한다. 덜컹거리는 비포장도로를 달리는데 갑자기 기온이 뚝 떨어진다.

Ecuador

말이 뒷산이지 해발 3천 미터 정도까지 올라가기 때문이다. 혹시나 해서 가져온 옷을 챙겨 입고 자욱하게 몰려오는 구름을 지나 올라가자, '까사 델 아르볼'이라고 적힌 작은 표지판이 나타난다.

길옆에 ATW를 세운 후 언덕에 오르자 까사 델 아르볼이 보인다. 재미있는 것은 까사 델 아르볼의 정체. 카페나 호텔 같은 것인 줄 알았더니 나무 위에 두 사람이 들어가기도 힘들 것 같은 작은 집이 하나 있다. 말 그대로 '나무의 집'이다. '세상의 끝 그네'는 까사 델 아르볼이 있는 나무에 매달아 놓은 그네였다. 달랑 나뭇가지 하나에 매달린 수십 미터 길이의 그네를 타면, 바로 앞은 깎아지른 절벽. 밧줄로 만든 허술한 안전벨트 하나를 허리에 차고 그네에 올라 발을 구르면 발아래로 땅이 없어지고 낭떠러지 위를 나는 짜릿한 기분을 맛볼 수 있다. '초현실적'인 곳까지는 아니지만, 세상 어디서도 만날 수 없을 것 같은 특이한 그네를 이곳에서 만날 수 있다.

† **세상의 끝 그네 찾아가기** _ 버스나 택시를 이용하거나 ATW 또는 미니 지프를 대절하는 방법이 있다. 버스는 1달러, 택시는 1대에 10달러인데 일행이 있다면 시간이 많이 걸리는 버스보다는 택시가 편하다. ATW는 1시간 단위로 요금을 내기 때문에 훨씬 비싸지만, 산길을 직접 운전하며 달리는 재미가 있다.

Ecuador
062

열차 지붕에 서서 세상을 바라보다, 리오밤바 지붕열차

평범한 시골 도시, 리오밤바(Riobamba)에는 '악마의 코(Nariz del Diablo)'라는 협곡으로 가는 열차가 있다. 이 열차가 유명한 이유는 딱 한 가지, 지붕에 타는 열차이기 때문이다. 어떤 나라는 승객이 너무 많을 때 지붕에 타기도 하지만, 이 열차는 객차가 모두 짐칸이고 승객은 무조건 지붕에 타야만 하는 진정한 '지붕열차'다.

열차가 출발하는 이른 새벽부터 좋은 자리를 잡기 위한 경쟁이 치열하다. 풍경이 잘 보이는 제일 앞 차량이나 뒤가 먼저 차고 늦게 오면 어쩔 수 없이 중간에 앉아야 한다. 덜컹거리는 열차 지붕에 앉아서 시원한 바람을 맞으며 달리면, 길가에 서 있는 사람들이 '올라(Hola)' 하며 손을 흔들고 기차에 탄 사람들도 손을 흔들어 인사한다. 시내를 벗어나자 드넓은 들판에는 초록이 가득하고 멀리 만년설이 덮인 화산이 보인다. 사탕과 과자를 파는 상인들은 흔들리는 열차 지붕 위를 익숙한 발걸음으로 오가고, 청재킷에 선글라스를 쓴 멋쟁이 승무원 아저씨는 열차 맨 앞에 서서 꼼짝하지 않고 전방을 주시한다.

들판과 좁은 계곡을 지난 열차가 깎아지른 악마의 협곡에 들어서자, 열차 바로 옆으로 나무 한 그루 없는 낭떠러지가 보인다. 계곡 중간에 위태롭게 걸려 있는 좁은 철로 위로 열차는 기우뚱거리며 지그재그로 내려가고, 계곡 쪽에 앉아 있다가는 낭떠러지로 떨어질 것 같아 나도 모르게 뒤로 물러서게 된다. 계곡 바닥까지 내려가서 잠시 쉰 열차는 다시 계곡을 올라와 알라우시(Alausi)를 거쳐 저녁이 되어서야 리오밤바로 돌아온다.

온종일 열차 지붕 위에 불편하게 쪼그려 있는 게 힘들긴 하지만, 지붕열차를 타고 들판과 산을 달리는 것은 그 어디서도 할 수 없는 경험이었다. 하지만 아쉽게도 몇 년 전 열차에서 여행자가 떨어지는 사망 사고가 발생하면서 현재는 기약 없이 중단되어 있다. 언제쯤 다시 지붕열차가 달릴 수 있을지는 모르겠지만, 만약 다시 지붕열차를 운행하게 된다면 에콰도르 여행에서 절대 빼놓지 말아야 할 아이템일 것이다.

† **리오밤바 찾아가기** _ 바뇨스에서 남쪽으로 3시간, 쿠엔카에서 북쪽으로 4시간 걸린다. 알라우시에 가면 지붕열차 대신 '악마의 코'로 가는 작은 관광열차를 운행하고 있는데, 지붕열차의 낭만을 느낄 수는 없다.

063 Ecuador

달콤한 에콰도르 초콜릿과 커피 한 잔의 여유

20세기 초까지 에콰도르는 초콜릿 원료인 카카오를 전 세계에서 가장 많이 생산하는 나라였다. 1930년대 이후 경기침체와 마녀빗자루병(카카오나무에 치명적인 전염병) 유행 등 원인으로 카카오 생산량이 감소하긴 했지만, 아직도 세계에서 가장 품질이 뛰어난 카카오를 생산하는 것으로 유명하다. 원료인 카카오가 좋으니 초콜릿 맛이 좋은 건 당연한 일. 에콰도르의 카페나 초콜릿 가게에 가면 맛있는 에콰도르산 초콜릿을 쉽게 맛볼 수 있다.

카카오 열매

우리나라에서 유행하는 카카오 함량 높은 다크 초콜릿이 60%에서 80%, 심지어 100%까지 있고, 카카오 열매 자체를 파는 곳도 있다.

100% 초콜릿은 카카오 열매를 까서 그대로 먹는 것처럼 단맛이 전혀 없지만, 새로운 경험을 위해 한 번쯤 먹어 볼 만하다. 에콰도르의 프리미엄 초콜릿 브랜드인 카오니(Caoni), 파카리(Pacari) 같은 곳에서 나온 다양한 초콜릿도 눈길을 끈다. 바나나, 망고, 패션 프루츠(Passion Fruit) 등 열대 과일, 각종 허브, 심지어 커피콩을 넣은 초콜릿도 있다. 거기에 가게에서 직접 만든 수제 초콜릿도 있기 때문에, 초콜릿을 구경하고 맛보는 것도 여행의 재미 중 하나다.

여행자를 위한 카페가 많은 바뇨스는 초콜릿을 즐기기 좋은 곳이다. 한적한 카페에 앉아 진한 에콰도르산 초콜릿 케이크와 함께 아메리카노 한잔을 즐기는 여유. 배낭여행자에게 호사스러워 보이기까지 하지만, 케이크와 아메리카노를 합해서 겨우 2.2달러(2,300원)라는 사실. 에콰도르의 먹거리들은 배낭여행자를 행복하게 한다.

† **바뇨스 추천 카페 _** 아로메(Arome)는 다른 카페에 비해 가격이 저렴하고, 다양한 초콜릿을 판다. 특히 직접 만든 수제 초콜릿을 녹여 뿌려 주는 초콜릿 케이크가 최고다. 달지 않으면서도 깊고 진한 맛이 난다.

Ecuador 064

남미에서 만나는 익숙함,
에콰도르 숯불구이

우리네 시골 사람과 너무나 비슷한 인디오 아저씨, 아주머니처럼 에콰도르에는 우리에게 익숙한 것이 또 있다. 시장이나 거리에서 쉽게 만날 수 있는 숯불구이다. 사실 남미 음식은 튀긴 음식이 많아서 거북할 때도 있는데, 숯불구이는 담백하고 부담스럽지 않아서 반갑다. 거기다 숯불로 즉석에서 구워서 위생상 문제가 있을까 걱정할 필요도 없다.

소곱창 숯불구이,
뜨리빠

그중 가장 반가운 음식은 소곱창 숯불구이, 뜨리빠(Tripa)다. 멀리서도 뭉게뭉게 피어오르는 연기를 보면, '앗, 소곱창이다.' 하면서 달려가게 된다. 지글지글 익어 가는 소곱창의 냄새를 맡으면 도저히 참을 수가 없다. 숯불에 바싹 구워진 곱창, 대창에 삶은 감자까지 올렸는데, 우리나라에서는 그렇게 비싼 곱창 한 그릇이 고작 1달러! 그저 행복하다는 말밖에 할 수 없다.

또 하나 친숙한 음식은 닭똥집 구이, 모예하스 데 뽀요(Molle-jas de Pollo). 구운 옥수수와 함께 바싹 구운 닭똥집이 나오는데 1달러도 안 될 정도로 저렴하다. 먹다 보면 자연스럽게 소주가 생각난다. 그 밖에도 닭(Pollo), 돼지 등심(Chuleta), 꼬치구이(Chuzo) 등 다양한 숯불구이를 맛볼 수 있다. 그야말로 숯불구이의 천국이다.

닭똥집 구이, 모예하스 데 뽀요

우리나라 사람들에게 생소한 것이 있다면 꾸이(Cuy). 우리에겐 기니피그(Guinea Pig)라고 알려진 동물인데, 소와 같은 큰 가축이 부족한 안데스 지역에서 오래전부터 먹던 전통적인 단백질 공급원이다. 페루, 볼리비아에서도 먹지만 에콰도르에서 자주 보게 된다. 몸집 큰 쥐이다 보니 생김새가 호감이 안 가지만, 꾸이는 늘 여행자들의 눈길을 끈다.

꾸이=기니피그

통돼지 바비큐, 오르나도

숯불구이는 아니지만, 또 하나의 친숙한 음식은 통돼지 바비큐, 오르나도(Hornado). 우리나라에서 축제나 행사가 있을 때 먹는 것과 똑같다. 살살 녹는 살코기와 바삭바삭한 껍질을 진한 육즙과 함께 먹는 맛이 최고다. 그 외에도 순대국밥과 비슷한 모르씨야(Morcilla), 생선 매운탕 같은 엔쎄보야도(Encebollado) 등 친숙한 음식을 저렴하게 즐길 수 있다.

모르씨야   엔쎄보야도

07
colombia ✈

콜롬비아 - 유쾌하고 행복한 사람들을 만나다

Colombia
065

따뜻함이 녹아 있는 도시, 보고타

해발 2,630미터에 위치한 콜롬비아의 수도 보고타(Bogota)는 크게 덥지도 춥지도 않은 온화한 기후이다. 고산지대다 보니 날씨는 변화무쌍하지만, 비가 내린 후 나타나는 새파란 하늘은 도시를 더욱 아름답게 한다. 보고타 관광의 핵심지역인 구시가지는 남미의 어떤 대도시보다도 아름답다. 드넓은 볼리바르 광장(Plaza de Bolivar) 주위로는 아름다운 콜로니얼 스타일의 국회, 대성당 등 주요 건물이 자리 잡고 있다. 따뜻한 햇볕이 내리쬐는 광장에 앉아 커피 한 잔을 하며 쉬는 것이 보고타를 찾은 여행자의 일상 중 하나. 광장 주변에는 박물관과 미술관이 많은데 대부분 무료라 더욱 매력적이다.

거리를 걷고 있는데 갑자기 경찰 제복을 입은 한 사람이 말을 건다. '볼리비아처럼 가짜 경찰이 있나?' 바짝 긴장하며 이야기를 나누니, 바로 옆 경찰 박물관(Museo Policia) 내부를 직접 안내해 주겠다고 한다. 무료인 것보다 경찰들이 이렇게 나서는 정성이 놀랍다. 박물관 안에는 악명 높았던 마약왕 파블로 에스코바르(Pablo Escobar)를 잡았던 과정에 대해 전시해 놓았다. 많은 시민과 경찰이 희생되었지만, 끝까지 추격해 사살했다고 한다. 공짜로 커피 한 잔까지 대접받

밤과 낮이 모두 매력적인 보고타

고 기분 좋게 박물관을 나선다.

구시가지 뒤쪽에 있는 해발 3,150미터 몬세라테(Monserrate) 언덕에 올라 보고타 시내를 내려다본다. 발아래 시원하게 펼쳐진 보고타를 한참 바라보고 있으니 어느새 구름 밑으로 석양이 사라지고 어둠이 찾아오면서, 들불이 번져가듯 하나둘 불이 밝혀진다.

콜롬비아 어디나 그렇듯이 보고타도 밤이 되면 불타오른다. 콜롬비아 사람들은 장소에 상관없이 밤새 춤을 추며 열정을 불태우기 때문이다. 이성을 유혹하기 위해서가 아니라 춤 자체를 즐기기 때문에 남녀노소 구분 없이, 처음 보는 사람이라도 거리낌 없이 어울린다. 특히 동양인은 호기심이 많은 콜롬비아 사람들에게 인기 만점. 우르르 주위로 몰려들어 함께 춤을 추자고 다가온다. 혼자 하는 여행이 외로웠던 여행자라면 그 어떤 도시보다 행복한 기억을 가질 수 있는 곳이 보고타일 것이다.

† **보고타 찾아가기** _ 메데진(Medellin)에서 10시간, 마니살레스(Manisales)에서 9시간 정도 걸리는데, 콜롬비아는 좁은 산악도로가 많아서 도로상태에 따라 소요시간이 크게 달라진다. 에콰도르 키토에서는 30시간이 걸린다.

† **보고타의 치안** _ 치안이 남미 다른 대도시보다 나쁜 편은 아니지만, 역시 조심해야 한다. 특히 구시가지, 몬세라테 언덕 일대는 여행자 대상 강도 사건이 자주 발생한다.

Colombia
066

세상에서 가장 행복한 미술관, 보테로 미술관

보고타 볼리바르 광장 주변에는 아름답고 고풍스러운 거리와 함께 많은 미술관이 자리 잡고 있다. 그중 가장 유명한 것은 보테로 미술관(Museo Botero). 남미에서, 아니 세계에서 가장 유명한 미술가 중 한 명인 페르난도 보테로가 기증한 작품이 전시된 곳인데, 놀라운 점은 무료로 개방된다는 것. 보테로가 작품을 기증하는 조건으로 무료 개방을 원했다고 한다. 보테로의 작품을 한꺼번에 볼 수 있는 것도 멋진데 무료라니! 거기에 플래시만 쓰지 않으면 사진 촬영도 자유다. 여행자에겐 더 바랄 것이 없는 곳이다.

보테로는 사람, 집, 물건 등 모든 것을 풍만하게 그리는 화가로 유명하다. 남미 특유의 유머와 정서가 녹아 있는 그림을 보고 있으면 입가에 미소가 절로 지어진다. 그림 속 인물은 웃음을 띠지 않은 무표정한 표정이고 남미의 현실을 풍자한 그림도 많다고 하지만, 그럼에도 모든 그림이 동화 속 세상처럼 보인다. 보테로 식으로 풍만하게 재탄생한 모나리자가 무엇보다도 압권. '모나리자가 다이어트에 실패하고 요요현상이 온 건가?' 즐거운 상상을 하며 미술관을 거닌다. 무료인 데다가 보고 있으면 행복함이 샘솟는 곳에 가지 않는다면 '혹시 바보?'

보는 것만으로 가슴이 따뜻해지는, 세상에서 가장 행복한 미술관이 보고타에 있다.

Colombia
067

카리브 해의 해적을 찾아서, 카르타헤나

콜롬비아 북부, 카리브 해에 접해 있는 카르타헤나(Cartagena)는 중미와 남미를 연결하는 교통의 요지이면서, 실제 카리브 해의 해적이 활동했던 무대로 유명하다. 16세기 초 스페인 정복자가 세운 이 도시는 부유함과 경제적 중요성으로 오래전부터 명성을 떨쳤고, 실제로 해적에게 점령된 적도 있다. 해적으로부터 도시를 지키기 위해 건설한 성벽과 거대한 산펠리페(San Felipe) 요새 등 대규모의 방어 시설이 아직 남아 있어 그 당시의 분위기를 느끼게 해 준다.

스페인 식민지 시절의 분위기를 그대로 간직하고 있는 카르타헤나 구시가지는 남미에서도 손꼽히는 콜로니얼 도시다. 오랜 세월이 지났지만 여전히 아름다운 건물이 늘어선 골목을 걸으면, 마치 시간을 거슬러 여행하는 듯한 착각에 빠지게 된다. 비록 귀찮게 달라붙는 호객꾼과 무더운 날씨가 힘들지만, 고풍스러운 도시를 좋아하는 여행자라면 지나치기 힘든 곳이다.

카리브 해의 해적이 활보했던
카르타헤나의 거리

Colombia

카리브 해변을 보지 못한 여행자라면 플라야 블랑카(Playa Blanca)로 가는 투어를 선택할 수 있다. 카르타헤나 선착장에서 배를 타고 두 시간을 가야 하는데, 멕시코나 쿠바의 환상적인 카리브 해변에는 살짝 못 미치지만 아름다운 해변이 그립다면 찾아가 볼 만하다.

† **카르타헤나 찾아가기** _ 메데진에서 16시간, 보고타에서 24시간 걸리므로 여유가 있다면 비행기를 타는 것이 좋다. 카르타헤나에서 베네수엘라 카라카스(Caracas)까지 국제버스가 있으며 24시간 소요.

Colombia
068

석양이 아름다운 어촌 마을, 타간가

베네수엘라 국경 가까이에 있는 항구 도시 산타마르타(Santa Marta)에서 콜렉티보를 타고 몇십 분 달리면 타간가(Taganga)라는 조그만 어촌에 도착한다. 여행자들이 이 작은 마을까지 찾아오는 첫 번째 이유는 스쿠버다이빙을 싸게 배울 수 있고, 해변이 아름다운 타이로나(Tayrona) 국립공원이 근처에 있기 때문이다. 하지만 다이빙은 저렴한 대신에 바닷속 풍경은 카리브 해의 명성에 어울리지 않는다. 또, 다른 나라에선 쉽게 만날 수 있는 아름다운 해변을 찾아가기 위해 꽤 돈을 들여야 한다. 그리고 생선 냄새 풀풀 풍기는 어촌이라 해변의 한적한 휴양지라고 생각하긴 힘들다.

그런데 타간가를 휴양지로 생각하지 않고 어촌으로 생각한다면 지내기 좋은 마을이다. 조그만 마을은 여유 있게 산책하기 좋고, 부둣가에 나가면 부지런히 물고기를 나르는 어부들의 삶을 지켜볼 수 있다. 무엇보다도 낚시를 좋아하는 사람이라면 타간가가 제격. 어부 아저씨와 함께 조그만 배를 타고 바다로 나서면 미끼 던지기가 무섭게 다양한 물고기가 잡혀 올라온다.

타간가에서 가장 인상적인 것은 아름다운 석양이다. 하늘과 바다를 온통 검붉게 물들이는 석양을 바라보며 하루를 마무리하면, 실망스러웠던 마음은 어느새 지는 해와 함께 사라진다. 작고 조용한 남미의 어촌 마을을 보고 싶다면 타간가로 가면 된다.

† **타간가 찾아가기** _ 카르타헤나에서 5시간 거리에 있는 산타마르타에 먼저 간 후 타간가행 콜렉티보를 타면 금방 도착한다. 낚시 투어는 여행사에서 알아보면 상당히 비싸기 때문에 동네 주민들과 개인적으로 협상하는 것이 낫다.

Colombia
069

콜롬비아 커피를 찾아서, 커피 농장 투어

커피를 좋아하는 사람이라면 중미의 과테말라, 코스타리카와 함께 콜롬비아는 아주 반가운 나라다. 생산량은 브라질, 베트남에 이어 세계 3위이지만, 고도가 높고 서늘한 안데스 산기슭에서 자라는 콜롬비아 커피의 품질은 세계적인 수준이다. 콜롬비아에서 버스를 타고 달리다 보면 커피 농장 뿐만 아니라 도로 주변과 산에도 커피나무가 흔하다. 그런 곳이기에 커피 농장을 돌아보는 투어도 쉽게 할 수 있다.

친치나(Chinchina)라는 작은 산골 마을의 커피 농장을 찾아가면 산 전체가 거대한 커피 농장이다. 반갑게 여행자를 맞은 가이드는 커피 농장을 함께 돌아다니며 커피 재배에 대한 모든 것을 설명해 준다. 모종을 키우는 것에서부터 열매를 수확하고, 껍질을 벗기고, 세척하고, 건조하는 전 과정을 직접 보면서 설명을 듣자, 커피가 더 친숙하게 느껴진다. 농장 구경을 마치자 가이드는 농장에서 수확한 커피 열매로 진한 커피 한 잔을 직접 만들어 준다. 온몸을 휘감는 진한 커피 향기를 맡으며 마무리하는 하루. 콜롬비아 커피가 더욱 사랑스러워지는 순간이다.

† 친치나 커피 농장 찾아가기 _ 보고타에서 9시간, 메데진에서 6시간 떨어진 마니살레스를 먼저 찾아간다. 마니살레스에서 미니 버스를 타고 30분만 가면 커피 농장들이 있는 친치나가 있다. 커피 농장 투어는 숙소에 부탁하면 농장과 연락해 예약해 준다.

Colombia 070

출출함을 채우고 싶을 때, 엠빠나다

콜롬비아의 아침 거리는 간단한 음식을 파는 포장마차와 아침을 사 먹는 사람들로 붐빈다. 그중 가장 많이 파는 음식은 남미식 만두인 엠빠나다(Empanada). 콜롬비아 엠빠나다는 옥수수로 만든 피안에 고기와 채소, 향신료 등 여러 가지 재료를 넣고 튀겨서 만든다. 주로 닭고기, 소고기, 치즈, 달걀, 감자 같은 것을 넣는데, 엠빠나다 한 개와 오렌지 주스 한 잔이면, 저렴하면서도 든든한 아침 식사가 된다.

아르헨티나 엠빠나다

사실 엠빠나다는 스페인에서 유래한 음식이라 콜롬비아뿐 아니라 남미 어디를 가나 쉽게 접할 수 있다. 하지만 지역에 따라서 재료나 요리 방법에 약간 차이가 있다. 베네수엘라, 콜롬비아, 에콰도르 같은 남미 북부 국가에서는 옥수수 반죽을 튀겨서 만들고, 남부 국가인 칠레, 아르헨티나는 밀가루 반죽으로 만들어 오븐에서 굽는다. 볼리비아는 양쪽의 영향을 모두 받아서 라파스 등 북쪽 지방은 튀기고, 우유니 등 남쪽은 굽는 경우가 많다.

칠레 엠빠나다

볼리비아 엠빠나다

콜롬비아 엠빠나다

거리를 걷다 출출할 때, 간단하게 식사를 해결하고 싶을 때, 버스에서 먹을 간식거리가 필요할 때 등등 엠빠나다는 항상 주머니 얇은 여행자의 먹거리 후보에 들어간다. 남미를 여행하면서 나라마다 다른 엠빠나다의 재료와 맛을 비교해 보는 것도 여행의 소소한 재미 중 하나.

071 Colombia

진한 콜롬비아 커피 향기 속으로

커피의 나라 콜롬비아에는 질 좋은 커피를 파는 카페가 많다. 그리고 원두의 다양함과 품질은 대형 커피 체인들과는 비교할 수 없는 수준이다. 콜롬비아에서 가장 자주 볼 수 있고 유명한 카페는 '후안발데스 카페(Juan Valdez Café)'. 후안발데스 카페는 콜롬비아 커피 생산자 협동조합이라 할 수 있는 FNC(Federacion Nacional de Cafeteros de Colombia)에서 직접 만든 체인점으로, 콜롬비아의 '스타벅스'라고 보면 된다.

어느 도시를 가건 후안발데스 카페의 빨간 간판만 보면 커피 한 잔의 유혹을 참을 수가 없다. 결국, 하루에 한 번씩은 꼭 들려 우리 돈 1~2천 원이면 마실 수 있는 진한 콜롬비아 커피를 마시며 시간을 보내게 된다. 하지만 후안발데스가 아니더라도 콜롬비아 어디나 좋은 품질의 커피와 맛있는 디저트를 저렴하게 파는 카페는 수없이 많다.

콜롬비아 커피는 뭐라고 할까, 향과 맛의 균형이 잘 잡힌 것 같다. 적당히 강하면서 적당히 구수하고, 마신 후 입안에 감도는 향이 일품이다. 커피의 본고장, 콜롬비아 카페에 앉아 커피를 마시는 시간. 여행에서 즐길 수 있는 가장 여유로운 시간을 선사할 것이다.

08
venezuela ✈

베네수엘라 - 위험하고 아름다운 태초의 자연 속으로

모로코이 국립공원
로스 야노스
카나이마

Venezuela
072

태초의 자연이 숨쉬는 땅, 카나이마 국립공원

극악의 치안 상태와 불안한 경제, 호스텔 등 여행 인프라가 부족한 베네수엘라. 그럼에도 불구하고 여행자들은 베네수엘라만의 독특하고 아름다운 자연을 보기 위해 이 나라를 찾는다. 그중 최고봉은 카나이마(canaima)에서 볼 수 있는 테푸이인데, 사방이 절벽으로 되어 있고 정상은 평평한 테이블마운틴이다. 수십억 년 전에 형성된 지각이 융기한 후 오랫동안 침식되면서 형성되었는데, 절벽으로 둘러싸여 외부와 단절되다 보니 독자적인 생태환경을 가지고 있다고 한다.

오염되지 않은 태초의 땅, 카나이마

카나이마 국립공원(Parque Nacional Canaima)은 세상에서 가장 긴 앙헬 폭포(Cascada Angel)로 유명하다. 아직 도로나 철도가 없어서 경비행기를 타고 가야 하는 이곳은 원시의 자연이 그대로 보존되어 있어 경이로움 그 자체다. 하늘에서 내려다보니 푸른 정글 사이로 미네랄이 함유된 검은 강물이 흐르고 있고, 대지 위로는 거대한 테푸이가 사방에서 솟아올라 있다.

경비행기가 조그만 카나이마 마을에 도착한 후, 주변에 있는 폭포를 보기 위해 투어 가이드와 함께 조그만 보트를 타고 강으로 나선다. 굉음을 내며 쏟아지는 폭포에 도착하면 사람들은 카메라를 비닐봉지에 넣고, 폭포 뒤에 난 좁은 길을 따라 폭포를 건넌다. 물보라가 몰아치는 바위 사이를 지나 폭포 가장자리에서 쏟아지는 물줄기로 '폭포 샤워'를 한다.

† **카나이마 찾아가기** _ 카라카스(Caracas)에서 12시간 걸리는 시우닷 볼리바르(Ciudad Bolivar)에 간 후, 여행사를 통해 앙헬 폭포 투어를 예약한다. 보통 2박 3일 일정이며 시우닷 볼리바르 공항에서 경비행기를 타고 카나이마까지 이동한다.

Venezuela
073

세계에서 가장 높은 폭포를 향해, 앙헬 폭포 투어

높이 979미터, 세계에서 가장 높은 앙헬 폭포(Cascada Angel)는 아우얀 테푸이(Auyan Tepui) 한쪽 면에 자리 잡고 있다. 테푸이가 사방이 절벽으로 된 산이기에 만들어진 믿을 수 없는 높이의 폭포인 것이다.

앙헬 폭포를 보기 위해서는 카나이마 마을에서 카라오(Carrao) 강을 거슬러 몇 시간을 올라가야 한다. 통나무로 만든 작은 보트를 타고 강을 달리면 급류를 지날 때마다 강물이 배 안으로 들이친다. 상류로 올라갈수록 수심은 얕아져 배 바닥에 돌이 긁히는 소리가 나고, 강 여기저기에 솟아 있는 바위 같은 장애물을 피해 조심스럽게 전진한다. 4시간 넘게 달리자 멀리 앙헬 폭포가 보이기 시작한다. 카누에서 내려 정글을 30분쯤 올라가자 마침내 앙헬 폭포가 눈앞에 있다.

Venezuela

거대한 절벽은 상상했던 것 이상으로 높고, 저 멀리 산꼭대기에서 떨어지는 폭포수는 바닥에 닿기도 전에 높이를 이기지 못하고 물방울이 되어 하얗게 산산이 부서진다. 바로 이 모습을 보기 위해 멀고 먼 베네수엘라까지 찾아온 것이기에 가슴이 벅차오른다.

앙헬 폭포 근처 정글에서 하룻밤을 자고 카나이마 마을로 돌아가는 길. 맑은 아침 하늘 아래로 하얀 구름이 테푸이의 허리를 휘감고 있고, 햇살은 검은 강물 위에서 부서진다. 태초의 자연이 그대로 살아 있는 카나이마 국립공원과 거대한 절벽 위에서 쏟아지는 앙헬 폭포는 남미 여행에서 잊을 수 없는 기억이 될 것이다.

† 강물이 줄어드는 건기(1~3월)가 되면 보트 운행이 불가능해져 앙헬 폭포에 못 갈 수 있다. 우기인 6~12월이 방문하기 좋지만 해마다 조금씩 다르기 때문에, 투어를 예약할 때 현지 상황을 확인해야 한다.

이것이 카리브의 바다

Venezuela
074

푸른 카리브 해를 만나다, 모로코이 국립공원

발렌시아(Valencia)에서 덜컹거리는 로컬 버스를 타고 2시간을 달리면 투카카스(Tucacas)라는 조그만 도시에 도착한다. 먼지 날리고 볼거리 없는 이 도시를 여행자들이 찾아오는 이유는 베네수엘라 최고의 해변 중 하나로 손꼽히는 모로코이(Morrocoy) 국립공원으로 가기 위해서다. 작은 보트를 타고 쓰레기가 둥둥 떠다니는 부두를 조금 벗어나자 갑자기 풍경이 달라진다.

바다 가운데에 맹그로브 나무가 모여 작은 섬을 이루고 있고, 하늘과 숲, 수평선까지 눈길 닿는 곳 어디에나 새가 가득하다. 그 모습에 무더운 날씨와 지저분한 바다 때문에 밀려오던 짜증이 순식간에 사라진다. 보트가 처음 멈춘 곳은 플라유엘라(Playuela) 섬. 몇십 분이면 다 돌아볼 수 있는 작은 섬에는 야자수가 무성하고 그 앞에는 아름다운 해변이 펼쳐져 있다. 바다가 맞나 의심이 들 정도로 잔잔한 해변에서, 보트를 함께 타고 온 베네수엘라 사람들과 함께 이야기하고 물놀이를 하며 즐거운 시간을 보낸다.

마지막 목적지는 모로코이에서 가장 큰 솜브레로(Sombrero) 섬. 크다고 해봐야 역시 손바닥만 한 섬에는 '난 카리브 해야'라고 자랑하는 듯 에메랄드 빛 바다와 백사장이 펼쳐져 있다. 해변에서 여유롭게 사람들 구경도 하고 수영도 하며 즐기다 보니 어느새 투카카스로 돌아갈 시간이 된다. 거친 파도가 몰아치는 바다가 대부분인 남미에서 잔잔하고 멋진 해변을 보고 싶다면 베네수엘라의 바다가 좋은 선택이 될 것이다.

† **모로코이 찾아가기** _ 카라카스에서 버스로 10시간 떨어진 발렌시아로 간 후, 터미널에서 투카카스행 버스로 갈아타고 다시 2시간을 가면 된다. 투카카스 시내 숙소나 여행사에서 모로코이 국립공원 일일투어를 예약할 수 있다.

Venezuela
075

3박 4일간의 야생 체험,
로스 야노스

아마존 정글 주변에는 팜파스(Pampas)라는 넓은 초원 지역이 있다. 큰 강과 무성한 정글 때문에 동물을 보기 힘든 아마존 정글과 달리, 초원은 시야가 탁 트여 있어 남미의 야생동물을 만나기 좋다. 볼리비아 루레나바케(Rurrenabaque)가 팜파스 투어로 가장 유명하지만, 페루 이키토스(Iquitos), 베네수엘라 로스 야노스(Los Llanos, 편평한 땅이라는 뜻)도 비슷한 풍경을 볼 수 있다.

안데스 산맥이 시작되는 산악도시 메리다(Merida)에서 출발한 지프는 비포장 도로를 한참 달려 늦은 밤에야 로스 야노스에 도착한다. 다음 날 아침 일찍 일어나 가이드와 함께 초원으로 나서자 놀라운 광경이 펼쳐진다. 과장을 좀 보태 악어는 동네 개처럼 돌아다니고 독수리는 참새처럼 날아다니는 것이 아닌가! 물이 잠긴 초원을 무리 지어 뛰어다니는 동물은 세상에서 가장 큰 설치류인 카피바라(Capybara). 크기가 1미터 넘는 카피바라를 보면 쥐의 사촌이라는 사실이 믿기지 않는다. 조심성이 많은 초식동물이라 조그만 인기척에도 놀라 도망가기 때문에 가까이 가긴 쉽지 않지만, 몇십 마리씩 무리를 이뤄 초원을 뛰어다니는 모습은 장관이다. 집에서 키우는 카피바라가 있길래 봤더니, 큰 머리에

안 어울리는 작은 귀와 눈을 가지고 꼼지락거리는 것이 귀엽다.

카피바라와 함께 팜파스에서 유명한 동물은 세상에서 가장 큰 뱀인 아나콘다(Anaconda). 초원에 물이 차는 우기에는 보기 어렵고, 건기(1~4월)에 와야 볼 수 있다고 한다. 운 좋게 가이드가 아나콘다를 잡으면 관광객들은 3~4미터에 달하는 아나콘다를 어깨에 메고 사진을 찍게 된다. 물론 상당한 운이 따라야 하지만.

보트를 타고 강으로 나서면 거북이, 악어, 카멜레온과 함께 많은 종류의 새가 눈길을 끈다. 그때 뭔가가 물속을 박차며 나오고 가이드들이 갑자기 바빠진다. 말로만 듣던, 아마존에 사는 핑크 돌고래가 나온 것이다. 가이드는 뱃전을 두들기고 휘파람을 불면서 돌고래의 호기심을 자극한다. 여기서 불쑥, 저기서 불쑥 튀어나와 제대로 보기도 힘들지만, 언뜻언뜻 보이는 분홍색이 신기하다.

팜파스에서 만나는 야생의 자연

초원과 강의 야생동물을 둘러본 후 오후 늦게 피라냐(Piraña)를 잡기 위해 나선다. 악어가 쉬다가 황급히 자리를 피한 '살벌한' 강둑에 앉아서 낚싯바늘에 닭 껍질을 매달아 강물에 던지면, 미끼가 물에 들어가기 무섭게 피라냐 떼가 달려든다. 어쩌나 빠른지 아무리 빨리 줄을 잡아당겨도 벌써 미끼를 채어 가고 없다.

낚시가 제대로 되지 않아 투덜거리다 하늘을 보자 석양이 지고 있다. 석양은 물이 찬 우기의 초원 위에 반사되어 온 세상을 붉게 물들이고 있고, 뒤를 돌아보자 낚시를 하는 사람들 위로 쌍무지개가 붉은 하늘을 가로지르고 있다. 팜파스의 석양은 바다의 석양과는 또 다른 환상적인 장관을 자아낸다.

비록 찾아가기 어렵고 밤마다 엄청나게 달려드는 모기와 빈대 때문에 잠을 이루기 힘들지만, 팜파스는 그런 고생을 감수할 가치가 충분할 만큼 아름답고 경이롭다.

† **로스야노스 찾아가기** _ 카라카스에서 버스로 17시간 걸리는 메리다가 로스야노스 투어의 출발점이다. 베네수엘라는 여행자가 적어 투어 팀이 쉽게 안 꾸려질 수 있고 비용도 다소 비싼 것이 단점. 따라서 여행자가 많고 상대적으로 저렴한 볼리비아 루레나바케에서 하는 편이 나을 것이다. 어느 나라건 팜파스는 거의 같으니까.

09

Mexico

멕시코 - 배낭여행자를 위한 종합 선물세트

Mexico
076

역사와 예술이 숨쉬는 도시, 멕시코시티

'멕시코' 하면 떠오르는 것은? 애주가라면 테킬라(Tequila)를, 야구팬이라면 가르시아를 떠올릴 것이다. 하지만 마약, 테러, 살인 등 부정적인 뉴스가 많아서, 멕시코로 여행 간다고 하면 '안 위험해?'라며 걱정부터 한다. 하지만 안전 때문에 멕시코 여행을 포기할 필요는 없다. 마약의 주요 통로인 북부 국경 지역은 위험하지만, 여행자가 주로 찾는 중남부와 유카탄(Yucatán) 지역은 다른 남미 국가와 비교했을 때 오히려 안전하다고 생각될 때도 있다.

멕시코 여행지 중 가장 치안이 안 좋은 곳은 수도인 멕시코시티(Ciudad de Mexico). 일부 여행자들은 지하철이 위험하다는 뜬 소문 때문에 도착하자마자 비싼 택시를 이용한다. 하지만 인구 2천만 명의 거대도시에서, 늘 사람이 바글바글한 지하철을 겁내는 것은 '난센스'다. 인적이 드문 지역은 위험하겠지만, 여행자가 주로 가는 곳은 안전하기 때문에 너무 겁먹지 않아도 된다.

시내 중심가는 유럽 여느 도시 못지않게 잘 꾸며진 거리가 멋있다. 거리에는 고풍스러운 건물과 아름다운 박물관, 미술관이 늘어서 있고, 곳곳에 쾌적한 공원이 있다. 도시 중심에 있는 소칼로(Zocalo) 광장에 들어서면 엄청난 크기에 눈이 휘둥그레진다. 드넓은 광장의 주위로 대성당과 대통령궁 등 고풍스러운 건물이 즐비하고, 목청 높여 손님을 부르는 상인과 기념품을 구경하기 바쁜 여행자로 발 디딜 틈이 없다. 중심가를 잠깐만 돌아봐도 멕시코에 대한 부정적인 선입견이 싹 날아가 버린다.

광장 밑에는 아스텍(Aztec) 문명의 유적이 묻혀 있다. 스페인이 이곳을 점령한 후 아스텍 신전을 부수고 소칼로를 만들었는데, 1979년 수도공사 중에 일부 유적이 발굴된 것이다. 광장과 건물 때문에 전체 발굴은 어렵고 일부 발굴된 부분만 보여 준다고 한다. 광장 주위로 아스텍의 전통의상을 입고 의식을 수행하는 원주민 모습이 여행자의 발길을 멈추게 한다.

멕시코시티는 중남미를 통틀어서 역사와 예술, 볼거리 모든 면에서 최고의 도시라고 할 수 있다. 고대 문명과 중세 유럽, 현대를 모두 한곳에서 볼 수 있는 이 도시가 아쉬운 점은 다만 시간이 부족한 것일 뿐.

† **멕시코시티 찾아가기** _ 과달라하라(Guadalajara)에서 버스로 6시간 걸린다. 항공편은 미국 LA, 샌프란시스코 등 서부도시에서 자주 있으며 가격도 저렴하다. LA에서 3.5시간 소요. 멕시코시티 공항에서 시내까지 아주 가깝고 지하철이나 버스로 이동할 수 있다. 지하철은 밤에도 사람이 많아서 안전에 대해 크게 우려할 필요는 없다.

Mexico
077

세계 최고,
멕시코 인류학 박물관

멕시코시티 중심가에 220만 평에 달하는 차풀테펙(Bosque de Chapultepec) 공원이 있는데, 내부에는 잘 꾸며진 숲, 연못과 함께 10개 가까운 박물관과 미술관이 있다. 그중에 가장 유명한 곳은 세계 최고의 박물관 중 하나인 멕시코 인류학 박물관(Museo Nacional de Antropologia)이다.

건물 크기만 13,000평에 이르는 박물관에 들어서면 마야(Maya) 문명 '생명의 나무'를 형상화한 거대한 기둥이 눈길을 끈다. 박물관은 모두 12개의 전시실로 구분되어 있는데, 마야, 올맥(Olmac), 아스텍, 테오티우아칸(Teotihuacan) 등 수천 년간 멕시코에 존재했던 고대 문명의 유물이 전시되어 있다. 지역이나 문명에 따라 유물에 특색이 있다 보니, 몇 시간을 돌아봐도 지루하지 않다. 다양한 문명의 유물이 깔끔하게 분류되어 있는데, 유물의 엄청난 양과 다양함도 놀랍지만 그 수준은 더욱 경이롭다.

Mexico

수천 년, 수백 년 전에 치과 수술과 뇌 수술을 위한 도구부터, 천체의 정교한 움직임을 기록한 거대한 석판과 조각까지 있었다니. 아메리카 대륙의 이런 문명들에 대해 한국에 있을 때는 왜 제대로 알지 못했을까. 겨우 2~3백 년 전부터 큰소리치기 시작한 서양 문명의 근원인 그리스, 로마, 이집트 문명에는 관심을 가지면서, 이런 문명들은 '제3세계 문명'이라고 싸잡아서 무시했던 것은 아닌지 반성하게 된다. 무엇보다 대단한 것은 이렇게 다양하고 많은 유물이 대부분 멕시코 내에서 나왔다는 것. 루브르, 대영박물관 같은 유럽 박물관들이 제국주의 시대에 강제로 뺏거나 훔쳐온 것을 돌려주지 않고 버젓이 전시하고 있는 것과 비교된다. 멕시코에 온다면 인류학 박물관은 필수 중의 필수 코스. 지구 반대편 아메리카 대륙의 문명을 배우는 것과 함께, 진짜 제대로 된 박물관이 어떤 것인지 느낄 수 있다.

Mexico
078

멕시코 예술의 강렬함을 만나다, 베야스 아르테스

2002년 '프리다(Frida)'라는 영화로 더 유명해진 멕시코의 화가 디에고 리베라(Diego Libvra)와 프리다 칼로(Frida Kahlo). 이 두 사람뿐만 아니라 멕시코에는 우리에겐 생소하지만, 다비드 시게이로스(David Siqueiros), 호세 오로스코(Jose Orozco) 등 유명한 화가들이 많이 있다.

멕시코의 시청이나 대통령궁 같은 중요 건물에서 커다란 벽화를 볼 수 있는데, 역사적 사건을 강렬한 색채로 그려 놓아 매우 인상적이다. 누구라도 이런 벽화를 본 후부터 멕시코 미술에 관심을 가질 수밖에 없고, 멕시코에 오기 전에는 전혀 몰랐던 화가들도 알게 된다.

스페인어로 무랄(Mural)이라 부르는 커다란 벽화를 모아 놓은 곳이 멕시코시티에 있는데, '예술 궁전'이라고도 하는 베야스 아르테스(Palacio de Bellas Artes)다. 흰색 대리석에 금색 돔 천정을 올린 건물은 외관부터 아름답다. 아래쪽에 전시된 작품을 천천히 둘러보다 위로 올라가면 타원형의 건물 벽면 전체에 거대한 벽화가 그려져 있다. 스페인군에 화형을 당하는 아스텍의 마지막 황제, 고문으로 피 흘리고 사지가 잘린 사람들, 온몸으로 자유를 부르짖으며 독립전쟁에서 죽어 가는 사람들. 강렬한 색채와 그보다 강렬하게 느껴지는 메시지. 보는 것만으로도 온몸에 전율이 흐른다. 멕시코의 벽화를 보고 있으면 그들의 분노와 열정, 고통과 희열이 그대로 전달되는 것 같다.

Mexico
079

참을 수 없는 장대함, 테오티우아칸

테오티우아칸(Teotihuacan)은 기원전 2세기부터 중미에서 큰 세력을 떨쳤던 강대한 문명이었다. 7세기경 알 수 없는 이유에 의해 갑자기 사라졌지만 아스텍 등 후대 문명들에 많은 영향을 끼쳤다고 한다. 멕시코시티에서 북쪽으로 50킬로미터 정도 떨어진 테오티우아칸 유적에 들어서자마자 그 거대한 규모에 압도된다. 폭이 40미터, 발굴된 길이만 2.5킬로미터에 달하는 '죽은 자의 거리(La Calzada de los Muertos)' 양쪽으로 고대 도시가 쭉 늘어서 있다. 지금까지 발굴된 것은 전체 유적의 일부밖에 안 된다니 실제로 얼마나 거대했을지 짐작이 가지 않는다. 테오티우아칸이 사라진 뒤 14세기에 이곳을 발견한 아스텍인들이 '신들의 도시'라고 부르며 신성시했던 이유를 알 것 같다.

죽은 자의 거리 가운데에는 '태양의 피라미드(Piramide del Sol)'가 있다. 세계에서 세 번째, 아메리카 대륙에서 가장 큰 피라미드라는 말을 듣기는 했지만 '에이, 얼마나 크겠어?'라고 생각했다. 그런데 실제로 보니 눈앞에 두고도 믿을 수 없다. '이게 피라미드 맞아? 피라미드가 아니라 산이네, 산' 그 옛날에 어떻게 이런 거대한 피라미드를 만들 수 있었는지 놀랍다. 무덤으로 지어진 이집트 피

라미드와 달리 제단으로 사용된 곳이라 계단을 따라 올라갈 수 있다. 가파른 계단을 올라 정상에 도착하자 주변 경관이 한눈에 들어와 가슴이 확 트인다. 여행자들은 거대한 피라미드의 위용을 사진으로 남기거나 조용히 고대도시를 상상하며 사색에 빠져들게 된다. 그런데 한 무리의 사람들이 둥글게 모여 앉아 눈을 감고 '웅웅웅' 하는 소리를 내고 있다. 마치 태양의 신을 영접하는 의식이라도 하는 듯.

피라미드를 내려와 유적 끝까지 걸어가자 '달의 피라미드(Piramide de la Luna)' 라는 조금 작은 피라미드가 나오는데, 계단에 오르니 이때까지 걸어온 유적 전체가 한눈에 들어온다. 해발 2,300미터 뜨거운 햇살 아래 앉아 그 장대한 모습

을 멍하니 한참 동안 바라본다. 그리스, 로마, 이집트, 앙코르 등 많은 문명의 유적을 봤지만 이렇게 멋있고 장대한 유적은 없었다. '테오티우아칸, 단연 최고!'

† **테오티우아칸 찾아가기** _ 멕시코시티 북부 터미널(Terminal Norte)에서 라스 피라미데스(Las Piramides)행 버스를 타면 1시간 정도 걸린다. 유적 안에는 그늘이 거의 없기 때문에 선크림과 모자가 필수이며, 돌아보는 데 시간이 많이 걸리니 물과 간식을 가져가는 것이 좋다.

Mexico
080

마리아치와 테킬라의 고향, 과달라하라

멕시코시티 북서쪽에 있는 과달라하라(Guadalajara)는 할리스코(Jalisco) 주의 주도로 멕시코 제2의 도시다. 챙이 넓은 모자 솜브레로(Sombrero)와 화려한 전통의상 차우를 걸치고 공연하는 멕시코 전통 악사 마리아치(Mariachi)가 탄생한 곳으로 유명하다. 마리아치 광장(Plaza de los Mariachi)을 비롯한 중심가 광장에서는 마리아치 공연이 자주 열리는데, 서정적이면서도 낭만적인 멜로디가 여행자를 몰입시킨다. 인근 테킬라 마을은 멕시코의 전통주 테킬라의 본고장이다. 테킬라는 알로에 비슷하게 생긴 아가베(Agave, 용의 혀를 닮아 '용설란'으로 불림)로 만든 술인데, 유명한 테킬라 제조사인 호세 쿠에르보(Jose Cuervo) 공장이 그곳에 있다.

대성당이 있는 아르마스 광장부터 시작되는 역사지구는 차량운행이 금지되어 있어서 편하게 둘러볼 수 있다. 거리에는 많은 연못과 분수가 있어 뜨거운 햇살을 식혀 주고, 스페인 식민지 시절에 지은 건물들은 보는 재미를 더해 준다.

거리에서 망고를 팔길래 사봤더니 망고에 빨간 고춧가루를 뿌린 후 라임즙을 듬뿍 짜는 것이 아닌가. '과일에 고춧가루라니!' 어색한 기분으로 먹어 보자 살짝 매운맛이 돌면서 라임의 신맛과 과일의 단맛이 어울려 입안이 시원해지는 느낌이다.

과달라하라, 멕시코시티처럼 화려하진 않지만, 멕시코 전통과 문화의 향기를 느끼기에 좋은 곳이다.

† **과달라하라 찾아가기** _ 멕시코시티에서 6시간, 과나후아토(Guanajuato)에서 4시간이 걸린다. 테킬라 마을은 과달라하라에서 버스로 1시간 정도 걸리며, 개인적으로 찾아가거나 테킬라 투어로 갈 수 있다.
멕시코 버스는 여름/겨울 방학기간에 학생 할인이 50% 된다. 국제학생증도 할인해 주는 곳이 있으니 버스표를 살 때 확인해 보는 것이 좋다.

Mexico
081

일어나라 이달고, 오로스코의 벽화

멕시코는 '벽화의 나라'. 미술관뿐만 아니라 시청 등 공공건물 곳곳에 거대한 벽화가 그려져 있어서 여행하는 동안 벽화를 구경하는 재미가 쏠쏠하다. 디에고 리베라, 다비드 시게이로스와 함께 멕시코 벽화 3대 거장으로 불리는 호세 오로스코(Jose Orozco)는 할리스코 출신이다. 그래서 과달라하라에 오면 오로스코의 작품을 여러 곳에서 만날 수 있다.

과달라하라 시청(Palacio de Gobierno) 1층 벽에 그려진 '일어나라, 이달고'가 대표적인 작품이다. 이달고 신부는 멕시코 독립전쟁의 불길을 처음으로 지폈던 인물. 벽화 속에서 이달고 신부는 불길 속에 불타는 칼을 들고 우뚝 서 있고, 함께 투쟁에 나선 민중들은 창칼에 찔리면서도 독립을 외치고 있다.

역사지구에 있는 카바냐스 문화원(Instituto Cultural Cabañas)에는 오로스코 최고의 걸작 중 하나로 꼽히는 '불의 인간'을 비롯한 수많은 벽화가 건물 내부를 덮고 있다. 건물 중앙의 높은 돔 천정에 그려진 '불의 벽화'는 불길 속에서 타오르며 자신을 희생해 구원을 바라는 인간을 그렸다고 한다. 멕시코 혁명을 위해 평생을 바쳤던 오로스코의 실제 삶처럼, 강렬함과 비장함이 느껴지는 그의 벽화는 평소 미술에 관심이 없거나 멕시코 역사를 잘 모르는 사람까지도 숙연하게 만드는 힘이 있다.

Mexico
082

아름다운 수공예 마을, 틀라케파케

과달라하라 바로 옆에는 틀라케파케(Tlaquepaque)라는 조그만 마을이 있는데, 론리플래닛에 '멕시코에서 가장 멋진 쇼핑을 할 수 있는 곳'이라고 소개된 곳이다. 마을 입구부터 만국기를 걸어 놓은 것처럼 온통 거리를 뒤덮은 채 나부끼는 흰색 깃발과 예쁘게 칠해진 나지막한 집들이 눈길을 사로잡는다. 흰색 깃발은 빠뻴삐까도(Papelpicado)라 불리는 멕시코 민속 종이예술인데 축제 같은 것이 있을 때 종이를 잘라 만든다고 한다. 가까이에서 깃발을 보니 마리아치 밴드, 마을 이름 같은 것을 만들어 놓은 것이 흥미롭다.

틀라케파케는 길이가 1킬로미터도 안 될 것 같은 무척이나 작은 마을이다. 하지만 거리에 늘어선 수공예품과 그림 가게, 식당, 호텔 하나하나가 개성 있게 꾸며져 있어서, 걷는 내내 눈길을 뗄 수 없다. 게다가 가게에서 파는 그림과 인형, 도자기와 조각품 등 수공예품들도 인상적이다. 보통 기념품 가게가 밀집해 있으면 파는 물건이 비슷하기 마련인데, 이곳은 저마다 독특한 개성이 돋보인다. 론리플래닛 소개대로 멋진 쇼핑을 할 수 있다.

정신없이 구경하고 있는데 노랫소리가 들린다. 거리에서 맹인 할머니 한 분이 노래를 부르며 구걸을 하고 있다. 그런데 목소리가 뭐라 할까, 감미로우면서도 인생의 쓴맛과 슬픔, 깊이가 묻어난다. 그 자리에 멈춰 한참을 묵묵히 노래를 듣다 보니 가슴 한편이 아련해진다.

틀라케파케는 과달라하라에 오면 반드시 가야 하는 곳이다. 거리에 있는 가게 하나하나, 수공예품 하나하나가 큰 즐거움을 줄 것이다.

✝ 틀라케바케 찾아가기 _ 과달라하라 시내에서 버스나 택시를 타면 금방 갈 수 있다. 중심가에서 택시를 타면 20분쯤 걸린다.

Mexico
083

세상에서 가장 예쁜 달동네, 과나후아토

과나후아토(Guanajuato)는 과달라하라와 멕시코시티 사이에 있다. 인구 20만이 채 되지 않는 곳이지만, 교육 도시로 이름 높아 외국 유학생이 많다. 도시 전체가 작은 분지에 위치한 데다가 좁은 골목이 미로처럼 얽혀 있어서 멀리서 보면 영락없이 커다란 달동네. 하지만 아기자기한 색채의 건물이 모여 있는 깔끔한 거리와 곳곳에서 마주치는 멋진 조형물은 과나후나토를 멕시코에서 가장 아름다운 도시 중 하나로 만들어 주고 있다.

도시를 둘러싼 언덕 위에는 거대한 삐뻴라(El Pipila) 동상이 있다. 삐뻴라는 은광에서 일하던 평범한 광부였다. 1810년 이달고 신부가 이곳에서 독립전쟁을 시작했을 때, 삐뻴라는 석판을 등에 메고 총탄 속을 기어가 스페인군 요새의 문을 불태웠고, 그 덕분에 독립군은 역사적인 첫 승리를 거둘 수 있었다. 삐뻴라 동상 아래 서면 그의 고귀한 희생으로 되찾은 과나후아토 시가지 전체가 한눈에 내려다보인다.

주말이 되면 밴드가 거리를 누비고, 약간의 참가비를 내면 그들과 함께 행진할 수 있다. 사람들은 함께 노래 부르고, 소리 지르고, 박수를 치며 과나후아토의 밤을 즐기고 있다. 아기자기한 매력이 가득한 과타후나토는 사랑받을 수밖에 없다.

† 과나후아토 찾아가기 _ 과달라하라에서 3시간, 멕시코시티에서 4시간이 걸린다. 해발 2천 미터에 자리 잡은 꽤 높은 지역이라 고산지역이 처음이라면 컨디션 관리에 신경 쓸 필요가 있다.

Mexico
084

밀림 속 쓸쓸한 마야 유적, 팔렌케

마야 문명은 멕시코 남부와 유카탄 반도, 과테말라, 온두라스에 이르는 저지대 밀림에서 주로 발달했다. 기원전 수 세기부터 형성하기 시작해서 16세기 초 스페인에 멸망할 때까지 유지됐기 때문에, 수학, 의학 등 많은 면에서 뛰어났고 특히 천문학이 크게 발달했다고 한다.

멕시코 마야 유적 중에서 가장 유명한 것은 팔렌케(Palenque)와 유카탄 반도의 치첸이사(Chichen Itza)다. 팔렌케는 테오티우아칸에 비해 규모는 작지만 밀림 속에 자리 잡은 왕궁과 신전이 색다르다. 왕궁이 있는 광장을 벗어나면 밀림 구석구석에 유적이 흩어져 있다. 고고학적 의미는 잘 모르지만, 작은 개울과 폭포를 지나 짙은 이끼가 낀 유적을 돌아다니는 것은 새로운 경험이다. 하지만 마야 원주민의 후예들이 그들이 주인이었던 유적에서 조잡한 기념품을 팔며 어렵게 살아가는 모습을 보는 것은 안타깝기만 하다.

† **팔렌케 찾아가기** _ 멕시코시티와 칸쿤에서 12시간이 걸린다. 팔렌케는 멕시코시티 등 중남부 지역과 유카탄 반도의 중간에 있기 때문에 멕시코를 버스로 여행한다면 한 번쯤 지나가게 된다. 과테말라 플로레스(Flores)에서도 갈 수 있는데, 강을 건너는 등 연결편이 복잡해 여행사를 많이 이용하며 9시간 정도 소요된다.

Mexico
085

평화롭고 소박한 거리와 하늘, 산크리스토발

산크리스토발(Sancristobal de las Casas)은 멕시코 남쪽 끝에 있는 치아파스(Chiapas) 주의 작은 도시다. 치아파스 주는 농업 외에 발달한 산업이 없어서 멕시코에서 가장 가난한 지역에 속하고, 인구의 1/3을 차지하는 마야 원주민 상당수가 스페인어를 구사할 수 없다고 한다. 그런 사정 때문에 아직 원주민의 문화와 풍습이 잘 보존되어 있고, 물가가 저렴해서 여행자들은 이곳으로 몰려든다.

산크리스토발에는 사실 대단한 볼거리는 없다. 가난한 시골 도시의 건물이 웅장하거나 멋있을 리 없고, 그나마 번듯한 시내도 다른 도시에 비하면 참 소박할 뿐이다. 하지만 산크리스토발의 최대 매력은 바로 이 '소박함'이다. 큰 건물 하나 없이 낮고 소박한 거리는 멕시코 분위기가 물씬 풍기고, 마야 원주민 아주머니들이 손님을 부르는 시장도 소박해서 정겹다. 언덕 위 조그만 성당은 대도시의 거대한 성당과 달리 아담하고 단아한 멋이 있고, 마야 전통의상을 입고 거리를 오가는 사람들도 소박한 멋이 있다.

유명 관광도시 가격의 절반쯤 되는 것 같은 저렴한 물가와 푸짐한 먹거리는 여행자를 행복하게 하고, 골목길에서 마주치는 아이들의 때문지 않고 순진한 눈망울도 여행자를 웃음짓게 한다. 또 대도시처럼 급하게 돌아가는 동네가 아니다 보니 가게 하나를 들르더라도 여유롭게 현지 사람들과 이야기를 나눌 수 있다. 그래서 이곳에 오면 하루 머물기로 했던 계획이 금방 사흘, 나흘이 되고 일주일이 지나가 버린다.

가난하지만 소박하고 여유로운 산크리스토발. 소박한 멕시코의 매력을 만나고 싶다면 이곳을 찾아가 보라.

† **산크리스토발 찾아가기** _ 멕시코시티에서 14시간, 와하카(Oaxaca)에서 11시간, 팔렌케에서 5시간 정도 걸린다. 팔렌케에서 가는 길은 아주 꼬불꼬불하기 때문에 멀미에 조심해야 한다.

Mexico
086

카리브 해의 진주, 칸쿤

'미국인들이 은퇴 후 가장 살고 싶어 하는 곳', '꿈의 휴양지', '카리브 해의 낙원' 등등 칸쿤(cancun)에는 수많은 수식어가 따라붙는다. 20킬로미터나 되는 하얀 백사장과 에메랄드 빛 바다가 펼쳐진 칸쿤의 해변을 한 번만 보면 왜 유럽이나 미국 사람들이 '카리브, 카리브' 하면서 이곳에 몰려드는지 이유를 알게 된다.

해변 하나만으로도 칸쿤에 찾아올 이유는 충분하지만, 칸쿤이 있는 유카탄 반도는 다른 나라의 휴양지에서는 찾아보기 힘든 매력이 넘쳐난다. 석회암으로 이루어진 유카탄 반도에는 지하수가 흐르는 수많은 지하동굴이 있는데, 이런 지하동굴 위쪽이 싱크홀처럼 구멍이 뚫리면 세노테(cenote, '신성한 우물'이라는 뜻)가 된다. 수천 개에 달하는 세노테가 지하동굴과 연결된 땅이 어떻게 무너졌는가에 따라 모양이 모두 다르다. 투명하고 차가운 세노테에서 수영하고, 수중동굴을 탐험하며 스쿠버다이빙을 즐기는 것만으로도 여행일정이 휙 지나가 버린다. 또 마야 문명 최고의 유적지 중 하나인 치첸이

눈부시게 아름다운 카리브 해와 세노테

사와 작고 아름다운 콜로니얼 도시인 바야돌리드(Valladolid)도 가까워서 바다와 유적, 도시 등 여러 가지 매력을 한 지역에서 함께 즐길 수 있다.

다만 문제가 있다면 칸쿤의 아름다운 해변은 시내에서 떨어진 호텔 존(Hotel Zone)에 있다는 것. 호텔 존은 숙박비와 물가가 비싸서 배낭여행자에겐 버거운 곳이다. 물론 저렴한 칸쿤 시내에 머물면서 버스를 타고 해변을 다녀올 수도 있지만 불편하다. 멋진 해변을 저렴하게 즐기고 싶다면 칸쿤 남쪽에 있는 플라야 델 카르멘(Playa del Carmen)에 찾아가면 된다. 해변 바로 앞에 있는 이 작은 도시에는 저렴한 숙소가 많고, 칸쿤과 툴룸(Tulum)의 중간에 있기 때문에 인근 지역을 여행하기도 편하다.

이렇게 칸쿤은 단순한 휴양지가 아니라 역사와 문화 등 다양한 매력을 한꺼번에 즐길 수 있는 곳이다. 따라서 충분한 시간을 가지고 천천히 그 매력을 즐겨 보시길.

† **칸쿤 찾아가기** _ 멕시코시티에서 갈 경우 버스는 24시간 넘게 걸리고 아주 비싸기 때문에 항공편을 이용하는 것이 낫다. 볼라리스(www.volaris.com), 인터젯(www.interjet.com), 아에로멕시코(www.aeromexico.com) 같은 곳에서 티켓을 저렴하게 살 수 있다. 공항은 호텔 존 끝에 있어서 시내에서 아주 먼데, 버스와 콜렉티보가 수시로 출발한다.
플라야 델 카르멘은 1시간 거리이며 칸쿤 공항에서 바로 가는 버스와 콜렉티보가 있다.

Mexico
087

여자들의 섬을 찾아서, 이슬라 무헤레스

칸쿤에서 10킬로미터도 채 안 되는 거리에 이슬라 무헤레스(Isla Mujeres)라는 조그만 섬이 있다. 이슬라 무헤레스는 '여인들의 섬'이라는 뜻인데, 여자들이 많아서가 아니라 스페인 정복자가 이 섬에서 여자 조각상을 찾아서 이름 붙여진 것이다.

섬으로 가는 페리를 타면 비현실적인 풍경이 펼쳐진다. 분명히 해변에서 한참 떨어진 바다 한가운데인데 에메랄드 빛 바다가 계속 펼쳐지는 것 아닌가! 사람들은 선실 밖으로 나와 이 말도 안 되는 바다를 넋을 잃고 바라본다. 그런데 막상 섬 북쪽 선착장에 도착하자 해변은 평범한 바닷물 색이다. '이런, 좀 실망인데.' 40도를 오르내리는 어마어마한 여름 더위를 피하려고 오후 내내 해변을 오가며 시간을 보내다 보니 어느새 석양이 지고 있다. 칸쿤은 해변이 동쪽이라 석양을 볼 수 없었는데, 이곳은 섬이라 바다를 붉게 물들이는 카리브 해의 석양이 멋지게 펼쳐진다.

비현실적인
이슬라 무헤레스의 바다

길쭉하게 생긴 섬은 길이가 채 7킬로미터도 되지 않아서 자전거나 스쿠터를 빌려 섬을 한 바퀴 돌 수 있다. 강렬한 햇살을 받으며 자전거 페달을 밟는 것이 힘들긴 하지만, 마을을 벗어나자마자 등장하는 환상적인 물빛의 바다를 보자 힘이 난다. 섬의 남쪽 끝 바위 절벽과 해안에는 커다란 이구아나들이 무리를 지어 어슬렁거리고 돌아다닌다. 머릿수를 믿는 것인가, 이 녀석들 사람을 봐도 피하지 않는다. 혹시나 해변의 터줏대감 이구아나의 심기를 건드릴까 싶어 조심스러워진다.

이슬라 무헤레스는 물가가 비싼 칸쿤 호텔 존보다 저렴하게 해변을 즐기며 지낼 수 있어서 '배낭여행자들의 칸쿤'이라고 불렸다. 이젠 완전히 관광지로 개발되어 거리에는 기념품 가게가 즐비하고 물가가 많이 올라서 그런 명성이 퇴색됐지만, 여전히 많은 여행자를 불러들이고 있다.

† **이슬라 무헤레스 찾아가기** _ 칸쿤의 부두에서 페리를 타면 20분 만에 도착할 수 있다. 페리가 출발하는 부두는 시내에도 있고 호텔 존에도 있다.

Mexico
088

세상에서 가장 큰 물고기와 수영을!
고래상어 투어

스쿠버다이빙을 하는 사람들의 가장 큰 바람 중 하나는 바닷속에서 상어, 만타 (Manta) 가오리 같은 '대물'을 마주치는 것이다. 특히 길이가 18미터까지 자라는, 세상에서 가장 큰 물고기인 고래상어는 꿈 중의 꿈이다. 워낙 마주치기 힘든 녀석이라 한 번이라도 보기 위해 며칠씩 같은 장소에서 다이빙하는 사람들도 있을 정도다.

그런데 다이버들이 모두 눈을 뒤집고 미쳐 버릴 만한 곳이 멕시코 해에 있다. 여름철이 되면 이슬라 무헤레스 인근 바다에 고래상어들이 번식을 위해 모여든다. 그래서 다른 지역에서는 한 마리도 보기 힘든 그 대물을, 투어에 한 번 나가서 10마리 정도 보는 것은 기본이고 30마리를 봤다는 사람이 있을 정도다. 그것도 사람이 주는 먹이를 먹기 위해 오는 것이 아니라 야생의 고래상어를.

고래상어를 볼 수 있는 곳은 이슬라 무헤레스에서 보트로 40분 정도 걸리는 올복스(Holbox) 섬 근처 바다. 바다 여기저기 고래상어의 등지느러미가 보인다. 사람들은 한 번에 세 사람씩 가이드와 함께 바다로 들어가 고래상어를 따라 헤엄

물속에서 만나면 더 거대하게 느껴지는 고래상어

친다. 물속에서 본 고래상어의 모습은 '세상에서 가장 큰 물고기'라는 명성에 걸맞게 거대하다. 꼬리지느러미를 천천히 움직이는데도 '한 대 맞으면 날아가 버리지 않을까?' 걱정될 정도로 힘이 느껴진다.

몇 차례 고래상어와 함께 헤엄을 치고 돌아오는 길. 이번에는 수심이 얕은 산호초 위에 보트가 멈춘다. 다시 물속으로 들어가자 원색의 하늘거리는 산호와 열대어들이 가득하다. 한참 동안 산호초 위에서 스노클링을 즐기다 이슬라 무헤레스로 돌아오는 보트 위에서 공짜 맥주를 마시며 기분 좋게 고래상어 투어를 마무리한다.

세상에서 가장 큰 물고기와 수영 시합을 할 수 있는, 다시 만나기 힘든 멋진 기회가 멕시코에 있다.

† 고래상어 투어는 이슬라 무헤레스나 칸쿤에서 출발하며, 숙소와 여행사에서 예약할 수 있다. 해마다 다르지만 보통 6월에서 9월 중순까지가 고래상어를 볼 수 있는 시기이다.

Mexico
089

천국의 해변, 툴룸

중남미부터 아프리카, 유럽, 중동, 아시아까지 무수히 많은 해변 중 최고를 꼽으라면 무조건 툴룸(Tulum)이다. 아름답기로 이름 높은 카리브 해변 중에서도 단연 최고이기 때문이다.

툴룸 해변은 버스나 콜렉티보 정류장에서 숲길을 따라 30분 정도 걸어가야 한다. 마침내 도착한 해변. 드넓고 새하얀 백사장, 따뜻하면서 투명할 정도로 맑은 바닷물, 시원한 바람을 따라 하늘거리는 야자수와 새파란 하늘이 나를 맞이한다. 아주 아름다워서 천국에나 존재할 것 같은 해변이다. 타이티, 몰디브 같은 망망대해 조그만 섬나라에 가면 더 깨끗한 해변이 있겠지만, 사람이 바글바글한 육지에 붙어 있으면서 어떻게 이렇게 깨끗할 수 있을까.

이런 곳에서 특별히 할 일이 뭐가 있겠나. 따뜻한 바닷물과 파도를 즐기다가 지치면 백사장에 누워 파도 소리와 바람을 타고 날아온 기분 좋은 바다 냄새를 즐긴다. 하늘에는 펠리컨과 바닷새들이 날아다니며 울어대고, 머리 위 야자수는 바닷바람에 흔들린다. 해변을 보호하기 위해 전기도 안 들어오는 곳이라,

투명한 툴룸의 바닷물

있는 것은 몇 개의 작은 호텔과 방갈로뿐. 시끄러운 음악을 틀어 놓은 바(Bar)도 없고, 평화로운 시간을 방해하는 사람도 없다. 가만히 누워만 있어도 이보다 더 좋을 수가 없다.

석양이 지면 사람들이 대부분 빠져나가고 인적이 드물다. 저녁을 먹고 해변 옆 숲길을 걷자 반딧불이가 날아와 숲을 가득 메운다. 자동차도, 전기도 없는 곳이라 반딧불이가 더욱 잘 보이는 것이다. 밤의 해변도 또 다른 매력이 있다. 바닷물 위로는 은은하게 달빛과 별빛이 드리우고, 그 빛을 받은 백사장은 새하얗게 빛난다. 사람이라곤 찾아볼 수 없는, 절대적인 평화와 아름다움을 가진 툴룸의 밤이다.

조그만 툴룸 유적

이것이 전부가 아니다. 툴룸은 마야 유적으로도 유명하다. 해변 옆 바위 언덕에 올라가면 그 옛날 마야시대에 해안기지로 사용한 유적이 남아 있다. 다른 유적들과 비교하면 작고 보잘것없지만, 환상적인 툴룸의 바다와 함께 있기에 그 어떤 유적보다 아름답다.

천국 같은 해변, 아니 천국 그 자체인 곳이 툴룸이다.

† **툴룸 찾아가기** _ 칸쿤에서 버스나 콜렉티보로 2시간, 플라야 델 카르멘에서 1시간이 걸린다. 툴룸 시내와 툴룸 해변은 상당히 멀기 때문에 버스 내리는 곳을 반드시 확인해야 한다. 버스에서 내린 후 10분쯤 걸어가면 툴룸 유적 입구가 있고, 거기서 10~15분쯤 더 걸으면 해변이 나온다.

Mexico 090

뱃살을 부르는 멕시코의 맛,
타코와 부리또

멕시코 음식은 두말할 필요 없이 세계적으로 유명하다. 멕시코 대부분 도시의 거리에서는 중남미에서 보기 드물게 새벽 늦은 시간까지도 음식을 팔고 있다. 출출한 배를 달래기 위해 포장마차를 찾아가면 푸짐한 음식의 양과 생각보다 정말 싼 가격에 놀라게 된다. 타코(Taco), 또르따(Torta), 소뻬(Sope), 부리또(Burito) 등 엄청나게 다양한 종류의 길거리 음식 중에 우리에게 가장 익숙한 것은 타코와 부리또. 우리나라 패밀리 레스토랑에서도 쉽게 먹을 수 있는 메뉴지만 본고장의 맛과는 다르다.

멕시코의 타코는 옥수수 전병인 또르띠야(Tortilla) 두 장을 기름에 살짝 구운 다음, 그 위에 잘게 자른 고기와 양파, 고수 같은 채소를 올리는 것이 일반적이다. 기름에 볶은 양파나 선인장, 감자튀김을 추가하기도 하지만, 치즈를 올리지는 않는다. 종류도 다양해서 소고기, 닭고기, 돼지고기뿐만 아니라 위, 곱창 같은 내장, 귀, 혀 등 특수 부위, 심지어 생선 타코까지 있다.

타코

부리또는 쫄깃쫄깃한 멕시코식 치즈와 잘게 자른 고기를 철판에 함께 볶다가, 기름에 살짝 구운 커다란 또르띠야 위에 올리고 양파와 고수 같은 채소를 뿌린다. 타코에 비해 푸짐하고 치즈와 고기가 듬뿍 들어가 있어 여행자가 사랑할 수밖에 없는 음식이다.

부리또

소뻬

이 외에도 손바닥만 한 또르띠야 위에 치즈와 채소, 고기를 올린 멕시코식 피자 소뻬, 호떡처럼 두툼한 또르띠야를 굽거나 튀긴 다음 가운데를 갈라 채소와 고기를 채운 고르디따(Gordita) 등 푸짐한 먹거리의 유혹은 도저히 참을 수가 없다. 그뿐인가, 길거리와 시장에 널려 있는 주스 가게에 가면 타코나 부리또와 함께 먹기 딱 좋은 생과일 오렌지 주스 1리터가 겨우 1,000~1,500원!! 덕분에 먹거리의 천국인 멕시코를 여행하다 보면 뱃살이 늘어나는 부작용이 생긴다.

거리와 시장 한구석에 있는 조그만 타코 가게에 앉아, 넉넉한 인상의 아주머니들과 웃음을 나누며 철판에 지글지글 익어 가는 타코를 먹는 재미! 직접 경험해 보지 않은 사람은 그 맛을 모른다. 고급 식당의 값비싼 메뉴보다 훨씬 맛있고 푸짐한 음식들이 그곳에서 여행자들을 기다리고 있다.

10

Central America

중미 - 살아 숨 쉬는 정글과 화산의 땅

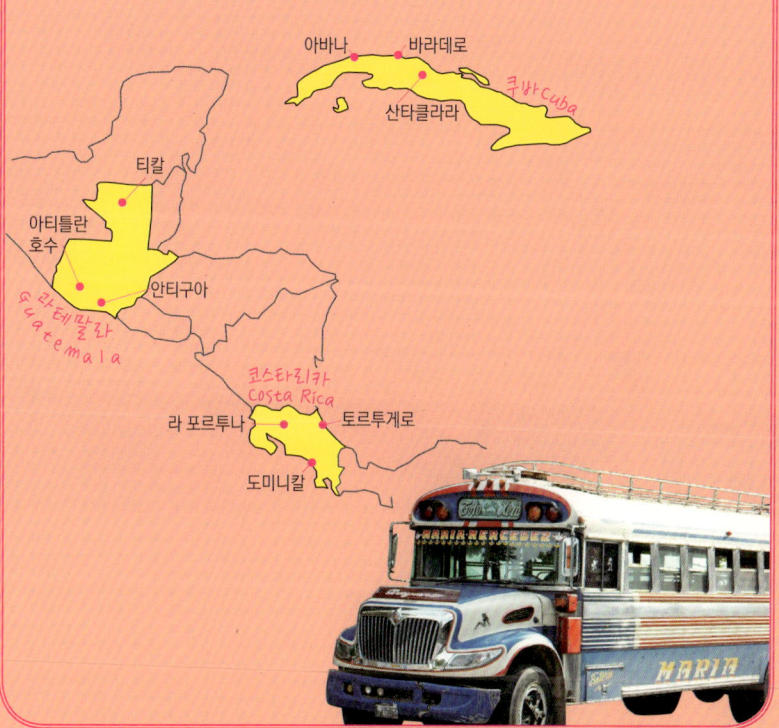

Guatemala
091

나의 사랑, 아티틀란 호수

남미의 혁명가 체 게바라(Che Guevara)가 이곳을 보고는 '혁명을 멈추고 싶다' 고 말할 만큼 아름다운 곳. 영국 작가 헉슬리가 '세상에서 가장 아름다운 호수' 라고 격찬했던 곳. 과테말라의 아티틀란 호수(Lago Atitlan)다. 인터넷에서 우연히 아티틀란 호수 사진 한 장을 본 후 이름조차 생소한 나라, 과테말라를 찾았다. 실제로 마주한 아티틀란은 사진에서 본 모습 그대로다. 해발 3천 미터가 넘는 웅장한 화산들이 구름을 머금은 채 호수를 둘러싸고 있고, 짙은 코발트 빛 물이 드넓은 호수를 채우고 있다.

호수 앞에 자리 잡은 도시 파나하첼(Panajachel)은 늘 활기가 넘친다. 불안한 치안 때문에 밤이 되면 인적조차 드문 과테말라의 다른 도시와 달리, 파나하첼의 밤거리는 음식을 파는 포장마차와 사람으로 넘친다. 멕시코와 가까워서 그런지 거리낌 없이 여행자에게 말을 걸고 웃으며 이야기를 나누는 주민들은 다시 멕시코에 온 것 같은 기분을 느끼게 해 준다.

화산과 아티틀란 호수

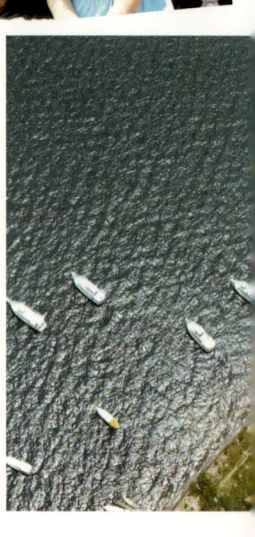

아티틀란 호수의 아름다움은 하늘에서도 즐길 수 있다. 아름다운 호수와 화산이 있는 이곳은 패러글라이딩하기 딱 좋은 장소이기 때문이다. 패러글라이딩 강사와 함께 호수 옆 절벽을 박차고 날아오르면 화산은 손에 잡힐 듯 가깝게 다가오고, 발아래 푸른 아티틀란 위로는 보트들이 가로지르고 있다. 아름다운 풍경을 좋아하는 여행자라면 도저히 지나칠 수 없는 곳인 아티틀란 호수 하나만으로도 과테말라는 충분히 여행할 가치가 있다.

† **파나하첼 찾아가기** _ 멕시코 산크리스토발에서 과테말라 국경까지 3시간, 국경에서 파나하첼까지 4시간 걸린다. 버스를 갈아타면서 갈 수도 있지만, 불안한 과테말라의 치안과 복잡한 연결교통편 때문에 많은 여행자가 여행사에서 운행하는 셔틀을 이용한다.

Guatemala
092

아티틀란 속 히피 마을, 산마르코스

아티틀란 주변에는 모두 12개의 작은 마을이 호숫가 구석구석에 자리 잡고 있다. 파나하첼에서 보트를 타고 30분쯤 달리면 도착하는 산마르코스(San Marcos)도 그중 하나인데, 굉장히 독특한 풍경을 마주치게 된다. 무성한 나무숲 사이에 꼬불꼬불한 좁은 길이 있고, 숲길 사이사이 명상이나 요가를 가르치는 학원과 자그마한 숙소, 식당이 숨어 있다. 좁은 골목길에선 히피들이 직접 만든 장신구를 팔거나 악기를 두드리며 노래를 부르고 있다.

마을 앞 부둣가에서 바라본 아티틀란도 파나하첼과 다른 느낌이다. 파나하첼에서 본 아티틀란은 확 트여서 웅장한 느낌이었다면, 이곳은 마을 바로 옆에 거대한 화산이 서 있어서 호수가 화산에 포근하게 안긴 것만 같다. 인구가 적다 보니 호숫물도 파나하첼보다 훨씬 깨끗하고 아기자기하면서 자연이 그대로 느껴진다.

아기자기한 산마르코스의 거리

이렇게 작고 아름다운 마을에선 특별히 어떤 일을 하지 않아도 좋다. 자연을 그대로 살린 개성 넘치는 건물은 보는 재미가 있고, 호숫가에서 보내는 시간은 한없이 평화롭고 여유롭다. 한가롭게 시간을 보내다 해가 지면 가로등 하나 없는 좁은 길을 지나 식당으로 간다. 레게 머리를 하고 장사에는 도통 관심이 없는 것만 같은 히피 출신 식당 주인장과 도란도란 이야기를 나누다 보면 어느새 밤이 깊어간다. 아름다운 자연과 히피의 감성이 공존하는 마을이 산마르코스다.

† **산마르코스 찾아가기** _ 파나하첼 부두에서 란차(Lancha, 작은 보트)가 호숫가 마을들을 버스처럼 오간다. 외국인에겐 바가지를 씌울 수 있으니 가격 확인과 협상이 필요하다.

다른 호숫가 마을인 산페드로(San Pedro)는 산마르코스에서 란차 또는 툭툭(tuktuk, 삼륜차)으로 갈 수 있다.

Guatemala
093

커피와 화산의 도시, 안티구아

스페인 정복자에 의해 16세기 초에 건설된 도시인 안티구아(Antigua)는 오랜 세월 동안 과테말라의 수도였다. 하지만 1773년 대지진으로 도시가 파괴되고 수만 명이 사망하면서 수도가 과테말라 시티(Ciudad de Guatemala)로 옮겨졌다. 화산이 많은 중미의 도시답게 뒷산인 아구아 화산(Volcan Agua)을 비롯하여 여러 개의 활화산이 도시 주위에 있다. 대지진을 겪었지만, 아직도 시내에는 고풍스러운 건축물이 많이 남아 있다. 특히 지진으로 파괴된 건물을 그대로 보존하고 있어서 다른 도시에선 볼 수 없는 독특한 분위기를 만들어 낸다.

과테말라는 물가가 워낙 싼 곳이라 많은 여행자가 이곳에 머물면서 스페인어를 공부한다. 덕분에 중심가에는 숙소와 식당, 카페가 즐비하고 과테말라에서 제일 부유한 지역이 되었다. 하지만 중심가를 벗어나면 다 쓰러져 가는 집에서 사는 원주민을 볼 수 있다. 수백 년을 착취당한 원주민은 여전히 가난해서 거리에서 싸구려 기념품을 팔거나 구걸을 한다. 고풍스러운 거리와 가난한 인디오의 삶. 안티구아는 많은 것을 느끼게 한다.

커피에 관심이 있는 사람이라면 안티구아를 절대 지나칠 수 없다. 이 지역은 높은 고도, 비옥한 화산토, 낮은 습도 등 품질 좋은 커피를 위한 모든 조건을 갖추고 있어서, 커피로 워낙 유명하기 때문이다. 현지인들이 추천한 안티구아 최고의 커피 가게는 '또스따뚜라 안티구아(Tostatura Antigua)'. 좁은 가게 안으로 들어가자 수십 년은 된 것 같은 낡은 로스팅 기계와 허름한 책상, 의자 몇 개밖에 없다. 페인트가 묻은 낡은 작업복을 입은 머리 희끗희끗한 주인아저씨는 낡고 찌그러진 주전자에 물을 끓여 대충대충 커피를 내려 준다. 성의 없어 보이는 손길에 의구심을 갖는 것도 잠시. 짜릿할 정도로 강하면서 진한 향이 풍기는 안티구아 커피의 진수가 입안 가득 느껴진다.

세월과 자연의 힘이 느껴지는 커피와 화산의 도시 안티구아. 달콤한 듯 쌉쌀하고, 부드러운 듯 강한 안티구아의 커피처럼 다양한 감정을 느끼게 해 주는 여행지이다.

† **안티구아 찾아가기** _ 파나하첼에서 3시간 거리에 있으며 여행사 셔틀과 로컬 버스로 갈 수 있다. 항공편을 이용할 경우 과테말라 시티 공항에서 1시간 거리이며, 공항에 내린 후 콜렉티보나 택시를 타면 된다. 최근 치안 상태가 많이 좋아져서 야간에 돌아다니는 데 아무런 문제가 없다.

Guatemala
094

불타는 용암 위의 산책, 파카야 화산

활화산을 가까이에서 보고 싶다면 안티구아 근처 파카야 화산(Volcan Pakaya)에 오르면 된다. 파카야 화산은 안티구아 인근 화산 중에 가장 활동이 활발하기 때문이다. 산 아래쪽은 일반적인 산과 다를 바 없지만, 분화구에 가까워지자 용암이 흘러내리다 그대로 굳어져 만들어진 시커먼 화산암이 산기슭 전체를 뒤덮고 있다.

화산지대에 들어가자 용암이 수시로 흘러내리고 굳는 곳이라 길이나 안전지대 같은 것이 없다. 바위는 용암이 굳을 때 빠져나간 수증기 때문에 구멍이 숭숭 뚫려 있고 아주 가볍다. 용암이 완전히 식지 않은 곳은 열기 때문에 바위 위로 아지랑이나 수증기가 솟아오르는 곳도 있다. 바로 며칠 전에 용암이 흘러내렸다는 곳에 오자 발을 조금만 잘못 디뎌도 신발 밑창이 '치익' 소리를 내며 녹으려고 한다. 발아래서 나오는 엄청난 열기에 땀이 뻘뻘 흐르고, 바위 사이로 보이는 뻘건 용암의 무시무시한 모습에 땀이 비질 흘러나온다.

여기쯤 되면 마시멜로가 출동할 차례. 나뭇가지에 마시멜로를 꽂아 뜨거운 열기가 쏟아지는 바위틈에 넣으면 1초도 안 되어 맛있게 구워진다. '용암에 구운 마시멜로, 먹어나 봤나?'

파카야 화산에서 불타는 용암 위를 산책하는 것은 온몸의 털이 쭈뼛 서는, 긴장감 넘치면서도 색다른 시간을 선물할 것이다.

✝ **파카야 화산 찾아가기** _ 다른 화산으로 가는 투어도 있지만 파카야 화산이 제일 가깝다. 투어비는 약 10달러 정도, 용암이 분출되는지 현지에서 확인해 봐야 한다.

Guatemala
095

마야 문명 최고의 유적, 티칼

유카탄 반도 바로 아래쪽, 즉 과테말라 북동쪽 밀림 가운데에는 마야 문명 유적 중 최고로 꼽히는 티칼(Tikal)이 있다. 티칼은 기원전 3세기 정도부터 사람이 살기 시작하여 큰 세력을 이루다가 8세기경 갑자기 사라졌는데 그 이유가 아직 밝혀지지 않았다고 한다.

먼저 페텐이사(Peten Itza) 호수에 있는 플로레스로 간 후, 다시 콜렉티보를 타고 한 시간 넘게 끝없이 펼쳐진 밀림을 달리면 마침내 티칼에 도착한다. 매표소를 지나 유적에 들어서자 밀림에 파묻힌 거대한 고대도시가 등장한다. 한참을 걸어 유적의 중심부인 그란쁠라사(Gran Plaza)에 도착하면 넓은 광장 양쪽에 티칼의 상징인 1호 신전과 2호 신전이 있다. 마야 문명을 그린 영화 '아포칼립토'에 보면 높은 신전 위로 포로를 끌고 올라가 제물로 바치는 장면이 나오는데, 영화 속 신전이 1호 신전과 똑같이 생겼다. 그런데 실제로 와 보니 끌고 올라가는 일도 보통 일이 아니었을 것 같다. 계단이 정말 가팔라서 관광객이 떨어져 죽는 사고가 있었을 정도이니까.

밀림 속에 자리 잡은 티칼

광장을 지나 밀림으로 들어가자 머리 위로는 원숭이들이 크게 울부짖으며 나무 사이를 뛰어다니고, 발아래에서는 조그만 도마뱀들이 햇볕을 쬐고 있다. 중간에 마주치는 작은 유적들은 긴 세월의 이끼를 덮고 조용히 잠들어 있다. 밀림을 지나 유적지 끝에 도착하자 흙과 나무로 덮여 지금은 언덕처럼 보이는 4호 신전이 있다. 꼭대기까지 올라가자 지평선까지 펼쳐진 밀림의 바다 위로 1호와 2호 신전의 꼭대기가 섬처럼 솟아올라 있다. 그 모습을 보며 잠시 휴식을 취하는 것으로 고대도시로의 시간 여행을 마무리한다.

† **티칼 찾아가기** _ 플로레스는 과테말라 시티에서 8시간 정도 걸린다. 플로레스에서 티칼은 1.5시간 걸리는데, 콜렉티보가 자주 있으며 출발시각은 숙소에 문의하면 된다. 플로레스는 완전히 관광지라 다른 도시에 비해 물가가 비싸다.

Cuba
096

말레콘에 몰아치는 파도, 아바나

쿠바의 수도, 아바나(Havana)는 여행하면서 마주치는 다른 도시와 분위기가 사뭇 다르다. 미국의 오랜 경제 봉쇄로 물자가 잘 수입되지 않기 때문에 발전이 더딘 이 나라는 여행자를 빈티지한 화면 속으로 옮겨다 놓는다. 거리에는 수십 년 이상 된 차들이 시커먼 매연을 뿜으며 돌아다니고, 번듯하게 꾸며진 올드아바나(Havana Vieja) 관광지를 조금만 벗어나도 페인트칠이 벗겨진 허름한 집들이 늘어서 있다. 거리에선 얼음물에 색소나 가루를 탄 불량식품 같은 음료가 팔리고 있고, 매춘, 시가, 택시를 권하는 호객꾼이나 길 안내를 해 주겠다며 푼돈을 챙기려는 사람들이 귀찮게 따라붙는다.

어떤 사람은 쿠바만의 멋이 있다고 좋아하고, 어떤 사람은 너무 낡고 비루하다고 싫어한다. 어느 의견이 맞건 '혁명과 체 게바라의 나라' 쿠바에 오기 전에 머릿속으로 생각하던 것과 너무나 다르다.

325
Central America

쿠바 혁명 기념물을 보고 싶다면 베다도(Vedado) 지역에 있는 넓은 혁명광장(Plaza de Revolucion)으로 가면 된다. 광장에서 보이는 건물에는 체 게바라의 얼굴과 그의 유명한 어록 'Hasta la Victoria Seimpre(영원한 승리의 그 날까지)'이 철골로 크게 붙어 있다. 또 광장 중앙에는 거대한 혁명 기념비가 있고, 그 앞에 혁명의 정신적 지주이자 독립의 아버지로 불리는 '호세 마르티(Jose Marti)'의 동상이 자리 잡고 있다.

여행자들이 아바나의 상징처럼 여기는 곳, 말레콘(Malecon)은 긴 해안도로를 따라 8킬로미터 이어진 방파제이다. 거친 파도가 방파제 밑으로 몰아치지만, 방파제 위는 쿠바 시민과 여행자들이 사랑하는 쉼터가 된다. 번잡한 도심을 벗어나 한쪽으로 카리브 해의 파도를, 다른 쪽으로 빛바랜 건물을 보며 말레콘을 따라 걷는 것은 아바나 여행에서 잊을 수 없는 시간이다.

† **아바나 찾아가기** _ 칸쿤에서 가는 것이 가장 가까우며 비행기로 1시간 걸린다. 쿠바는 비자 대신 여행자 카드(Targeta de Turista)를 사야 하는데, 출발하는 공항이나 항공사에서 구매할 수 있다.
공산국가인 쿠바는 치안 상태가 안전하지만, 여행자를 노리는 호객꾼이나 사기꾼이 많다. 길 안내를 해 주겠다든가 식당을 소개해 주겠다고 접근해서, 돈을 요구하거나 바가지를 씌우는 경우가 흔하므로 조심해야 한다.

Cuba
097
눈부신 쿠바의 카리브 해, 바라데로

카리브 해에 자리 잡은 섬나라 쿠바도 멕시코처럼 아름다운 해변이 있지만, 도시에서 해변이 먼 경우가 많고 멕시코 카리브 해보다는 뭔가 부족하다는 느낌이 든다. 하지만 쿠바 최고의 해변 중 하나로 꼽히는 바라데로(Varadero)에 찾아가면 생각이 달라진다.

바라데로는 칸쿤의 호텔 존처럼 바다 중간에 길게 뻗은, 폭이 몇백 미터 되지 않는 좁은 반도에 자리 잡고 있다. 그래서 한쪽 해변을 본 후 조금 걸어서 반대편으로 가면 또 다른 해변이 있다. 해변을 따라 호텔이 길게 늘어서 있는 것도 칸쿤과 똑같아서 '쿠바의 칸쿤'이라고 할 수 있다. 넓은 백사장과 아름다운 에메랄드 빛 바다, 따뜻하고 투명한 바닷물과 잔잔한 파도까지. 정말 칸쿤의 바다를 그대로 옮겨온 것 같다. 하지만 칸쿤보다 대형호텔이 적어서 더 한적한 분위기를 즐길 수 있다. 온종일 눈부시게 아름다운 해변을 즐기다 바다로 지는 석양 속을 산책하는 것만으로도 바라데로의 하루는 즐겁다. 쿠바를 여행하며 무더운 날씨에 지쳤을 때, 바라데로는 사막 속 오아시스처럼 휴식을 줄 것이다.

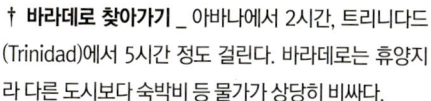

† **바라데로 찾아가기** _ 아바나에서 2시간, 트리니다드(Trinidad)에서 5시간 정도 걸린다. 바라데로는 휴양지라 다른 도시보다 숙박비 등 물가가 상당히 비싸다.

Cuba
098

체 게바라가 잠든 곳, 산타클라라

체 게바라(Che Guevara)가 혁명을 위해 몸 바쳤던 곳, 쿠바. 어느 순간부터 갑자기 체 게바라가 유명해지면서 쿠바 혁명사나 체의 삶에 대해 잘 모르는 사람까지도 그의 이름은 알게 되었다. 하지만 막상 쿠바에 가 보면 그가 아주 중요한 인물로 추앙된다는 느낌보다는 기념품 판매나 관광을 위해 상업적으로 이용된다는 느낌을 지울 수 없다. 아바나 혁명 광장이나 시내 곳곳에 호세 마르티 동상과 기념비가 서 있고, 아바나 국제공항 이름도 호세 마르티인 것을 보면, 쿠바인들에게는 호세 마르티가 더욱 중요한 인물로 평가되고 있는 듯하다.

하지만 체 게바라의 흔적을 보고 싶다면 체 게바라 기념관(Che Guevara Mousoleum)이 있는 산타클라라(Santa Clara)에 가면 된다. 시내에서 조금 떨어진 기념관에 가면 커다란 광장 앞에 군복을 입고 소총을 한 손에 든 거대한 체 게바라의 동상이 서 있다. 동상 아래 기념관으로 들어가자 그가 평소에 사용하던 물건들과 사진, 총, 편지 등의 유품이 있다. 그 옆으로 게릴라 활동을 했던 동료들과 함께 체 게바라가 묻혀 있다. 1967년, 39세의 나이로 볼리비아에서 살해당하고 암매장되어 시신도 찾지 못하다가 1997년에야 체의 시신이 쿠바로 돌

아왔다. 이후 볼리비아에서 잘렸던 두 손도 찾게 되어 이곳에 묻혀 있다고 한다.

쿠바 혁명을 이뤄냈지만, 타국 땅에서 비참하게 최후를 맞이했으며 현재에는 상업적인 아이콘에 머물고 있는 체 게바라. 쿠바에서 진심으로 그를 추모하는 공간을 만나는 것은 뜻깊은 일이 될 것이다.

† **산타클라라 찾아가기** _ 아바나와 바라데로에서 3시간, 트리니다드에서 2시간 정도 걸린다. 산타클라라는 다른 관광지에 비해 물가가 싼 편이며, 놀랍게도 체 게바라 기념관은 무료이다. 쿠바에도 무료가 있다니!

Costa Rica
099

태평양으로 지는 석양, 도미니칼

코스타리카는 국토의 25%가 보호구역으로 되어 있을 정도로 자연이 잘 보존된 곳이다. 그래서 어디를 가건 무성한 푸른 숲과 시원한 공기가 여행자를 기분 좋게 해 준다. 남쪽 파나마 국경에서 버스를 타고 태평양을 따라 몇 시간 올라오면 도미니칼(Dominical)이라는 작은 해변 마을이 나온다. 야자수가 늘어선 해변에는 수공예품을 파는 사람들이 나무 아래에서 무료하게 손님을 기다리고, 여행자들은 바다가 보이는 조그만 바에 앉아 맥주 한 잔을 하며 이야기를 나눈다. 숲과 야자수, 백사장 사이에 작은 집들이 모여 있는 이 분위기는 과테말라 산마르코스를 해변으로 옮겨 놓은 듯하다.

도미니칼의 해변은 서핑으로 유명한 곳. 해변에 나가자 한눈에 그 이유를 알 수 있다. 태평양에서 2~3미터 높이의 파도가 끊임없이 밀려오고, 서퍼들은 쉴 새 없이 그 파도를 넘나들며 서핑을 즐기고 있다. 하지만 서핑을 좋아하지 않더라도 조용한 도미니칼의 해변은 충분히 매력적이다. 물이 얕게 깔린 썰물의 바다는 하늘과 숲을 반사하며 빛나고, 부드러우면서도 단단하게 젖은 모래사장은 맨발로 걷기 좋다.

새소리와 파도소리만 들리는 아침의 해변을 홀로 걷고 또 걸으면 자신만의 세계 속으로 푹 빠져든다. 더위를 피해 휴식을 취하다가 다시 나선 석양의 바닷가. 한가하던 낮과 달리 해변은 석양을 보기 위해 모인 사람으로 가득하고 붉은 하늘 아래 서퍼들은 마지막 서핑을 즐기고 있다.

도미니칼의 해변은 화려하고 뜨겁진 않지만 잔잔하고 고요한 매력이 있다. 어쩌면 그런 것이 남미의 거대한 대자연과는 다른, 아기자기한 코스타리카의 매력인 것 같다.

✝ **도미니칼 찾아가기** _ 수도 산호세(San José)에서 5시간 걸린다. 파나마에서 올라올 경우 국경에서 30분 거리의 시우닷 넬리(Ciudad Nelly)까지 먼저 간 후 3시간쯤 더 가면 된다. 코스타리카는 시외버스가 자주 있지 않으므로 출발 전 연결되는 버스 시간을 확인하는 것이 좋다.

Costa Rica
100

열대 우림과 화산, 라 포르투나

활화산이 많은 중미의 나라답게 코스타리카도 내륙에 많은 화산이 있고, 화산 주변 지역은 국립공원으로 지정되어 있다. 그중 산호세 북쪽, 아레날 화산 국립공원(Parque Nacional Volcan Arenal) 옆에 있는 라 포르투나(La Fortuna)는 인근 몬테베르데(Monteverde)와 함께 열대 우림을 볼 수 있는 곳으로 유명하다. 1992년 아레날 화산이 폭발한 후 관광객이 찾기 시작하면서 유명 관광지가 되었다고 한다. 어디서나 푸른 아레날 화산이 보이는 작고 예쁜 마을은 여유 있게 지내기 좋다.

여행사에 화산 투어를 신청해서 화산 트레킹에 나선다. 트레킹 목적지는 아레날 화산 앞에 있는 해발 1,150미터 작은 분화구, '세로 차토(Cerro Chato)', 아레날 화산 정상까지 가는 것은 비용과 시간이 너무 많이 들어서, 여행자들은 하루 만에 다녀올 수 있는 이 코스를 주로 선택한다.

가이드를 따라 산에 오르기 시작하면 열대 우림의 다양한 나무와 꽃이 눈길을 끈다. 국토의 면적은 지구 전체의 0.1%이지만, 생물 종의 5%가 살고 있다는 코스타리카의 우림은 처음 보는 신기한 식물들로 넘쳐난다. 거기에 열대 우림 사이로 비치는 빛과 그 빛에 반짝이는 물방울, 습기를 가득 머금어 시원한 공기 덕분에 발걸음이 상쾌하다. 두 시간 반쯤 걸어 도착한 산 정상 분화구에는 작은 호수가 있다. 날씨가 좋으면 호수 뒤로 아레날 화산의 위용이 보인다고 하는데 아쉽게도 오늘은 날이 아닌가 보다. 잔뜩 흐리고 구름 낀 날씨는 아무리 기다려도 좋아질 생각을 하지 않는다.

화산을 내려와 전망대에서 아레날 화산 위로 지는 석양을 본 후, 노천 온천에 가면 색다른 온천이 기다리고 있다. 화산에서 데워진 온천물이 강이 되어 흐르는 것이다. 따뜻하고 유황 냄새까지 나는, 세차게 흐르는 온천수에 몸을 담그고 있자 트레킹의 피로가 싹 풀린다. 코스타리카는 역시 깨알처럼 잔잔한 재미가 많은 곳이다.

† **라 포르투나 찾아가기** _ 산호세의 산 카를로스(San Carlos) 터미널에서 하루 3번 버스가 있고 4시간이 걸린다. 산호세에는 20개 가까운 터미널이 있기 때문에, 반드시 어느 터미널에서 버스가 출발하는지 미리 확인해야 한다.

Costa Rica
101

바다와 강 사이 낙원, 토르투게로

코스타리카 동부 해안, 그러니까 카리브 해 쪽에는 토르투게로(Tortugero) 라는 바다거북 산란지로 유명한 곳이 있다. 산호세에서 출발하면 카리아리(Cariari) 를 거쳐 라파보나(La Pavona) 까지 간 후, 다시 보트를 타고 들어가야만 도착할 수 있는 곳이다. 토르투게로는 강과 바다 사이에 위치한, 폭이 몇십 미터밖에 안 되는 아주 좁고 긴 마을인데, 주변이 모두 국립공원이라 외부와 연결 도로가 없다. 또, 마을에 차가 없어서 마을 길이 대부분 풀이 깔린 자연 그대로다. 무성한 숲 사이에 조그만 집과 가게가 하나씩 자리 잡고 있고, 사람들은 새소리를 들으며 거리를 거닌다. 중남미를 여행하면서 자연 속에 있는 작은 마을을 많이 가 봤지만, 이 정도로 천연 그대로인 곳은 보지 못했다.

동쪽에는 바다, 서쪽에는 강을 사이에 끼고 자리 잡은 좁은 마을이다 보니 새벽이 되면 바다에서 떠오르는 일출이 보이고, 저녁이 되면 강으로 지는 석양이 보인다. 강가에 앉아 생각에 잠기다가 바다가 보고 싶어 몸을 돌려 반대방향으로 걸으면 1분도 안 되어 파도가 몰아치는 해변에 도착할 수 있는, 정말로 놀라운 곳이다.

여름철(6~10월)에는 바다거북이 산란하고 새끼들이 알을 깨고 나오는 모습을 볼 수 있다. 하지만 그때를 맞추지 못한다면 카누를 타고 열대 우림을 돌아보는 투어를 선택할 수 있다. 비록 나무가 무성한 정글이라 팜파스 투어처럼 많은 동물을 볼 수는 없지만, 노를 젓는 작은 카누에 앉아 강을 오르내리며 작은 악어와 원숭이, 여러 종류의 새를 볼 수 있다.

토르투게로는 자연에 푹 파묻힌 작은 마을을 좋아하는 여행자에게는 천국 같은 곳이다. 워낙 외진 지역이다 보니 불편한 점도 있지만, 이곳은 그런 것을 충분히 감수할 가치가 있다. 바다와 강 사이에 자리 잡은, 자연 그대로의 낙원이 코스타리카에 있다.

† **토르투게로 찾아가기** _ 산호세에서 카리아리까지 2시간, 카리아리에서 라파보나까지 1시간, 라파보나에서 보트로 1시간이 걸린다. 카리아리에서 라파보나로 가는 버스가 자주 있지 않기 때문에 출발 전 시간표를 확인해야 한다. 버스가 라파보나에 도착하면 보트는 바로 출발한다. 개인적으로 찾아가는 것이 귀찮다면 산호세에서 출발하는 투어를 이용할 수 있지만, 상당히 비싸다.

† **토르투게로 숙소** _ 마을에 도착하면 가이드들이 여행자를 불러서 전반적인 설명을 해 주고 원하는 가격대의 숙소까지 직접 안내해 준다. 커미션이나 팁을 노리고 하는 것이 아니니 마음 놓고 따라가면 된다.

부록1 남미, 어떻게 여행할까?

✔ 언제 여행하면 좋을까?

남미는 커다란 대륙이라 고산부터 열대, 사막, 남극에 가까운 파타고니아까지 기후가 다양하다. 따라서 지역별로 차이가 있지만, 남미의 여름철인 12~3월이 여행에 가장 좋은 시기다. 페루, 볼리비아 같은 고산지역과 남쪽 파타고니아의 날씨가 좋고, 우유니 소금사막에 물이 차 있을 가능성이 높기 때문이다. 하지만 12~1월은 남미 여행의 최성수기라 사람이 너무 많아서 숙소와 비행기/버스표 구하기 전쟁이 벌어진다. 따라서 딱 두 달만 남미를 여행한다면 2~3월 정도가 가장 좋다. 5~8월은 남미의 겨울이라 페루, 볼리비아 등 고산지역의 날씨가 몹시 춥고, 파타고니아에서 트레킹이 어려워진다. 멕시코 등 북반구의 중미 지역도 날씨가 너무 뜨거운 여름(6~8월)보다는 겨울과 봄이 여행하기에 더 편하다.

✔ 옷은 어떻게 준비할까?

고산지역은 여름이라도 밤이 되면 쌀쌀해지고, 날씨가 하루에도 몇 번씩 바뀌곤 한다. 따라서 패딩, 바람막이처럼 가볍고 따뜻한 보온 의류를 준비하고, 얇은 옷을 여러 개 준비해서 날씨에 따라 입었다 벗었다 하는 것이 편리하다. 남미 대부분 지역에서 저렴하게 전통 디자인의 옷을 살 수 있어서 모자, 장갑, 두꺼운 외투는 날씨상황을 봐서 기념품이라 생각하고 사면 된다. 침낭은 보온용보다는 야간버스나 숙소 이불이 지저분할 때 쓸 가벼운 것이면 충분하다. 트레킹이나 투어를 할 때는 투어회사, 숙소에서 보온용 침낭을 싸게 빌릴 수 있기 때문에 준비할 필요는 없다.

✔ 등산화가 필요할까?

남미는 비가 자주 오기도 하고, 트레킹을 하는 경우도 많다. 따라서 방수가 되는 신발이 필수인데 무거운 등산화는 평소에 짐이 되기 때문에, 아웃도어 브랜드에서 살 수 있는 '방수가 되는 운동화' 정도의 가벼운 신발을 준비하는 것이 좋다.

✔ 황열병 등 예방접종은 어떻게 할까?

볼리비아 비자 발급과 브라질 입국을 위해서는 황열병 예방접종이 필수이다. 브라질 입국할 때 거의 확인하지 않지만, 개인 건강을 위해 받는 것이 낫다. 단, 한국에서 출발하기 최소 2주 전에 예방접종을 해야 한다는 것에 유의해야 한다. 황열병은 살아있는 바이러스를 약화해 주입하는 것이기 때문에, 10~15%의 사람은 1주일 정도의 잠복기 후 발열, 근육통, 구토, 두통 등 실제 황열병 초기 증세가 나타난다. 따라서 돈을 조금 아끼기 위해, 또는 귀찮아서 남미 현지에서 예방접종을 받았다가 증세가 나타나면 큰 문제가 생길 수도 있다. 예방접종 후에도 1주일 정도는 무리하지 않고 몸 상태를 지켜볼 필요가 있다.

✔ 돈은 어떻게 준비할까?

남미 은행들이 수수료 장사에 눈을 뜨면서 ATM 이용이 부담스러워지고 있다. 멕시코, 페루, 볼리비아, 칠레 등에서 ATM을 이용하면, 현지 은행에서 3~6달러의 수수료를 별도 부과한다. 즉, 우리나라 은행과 현지 은행의 수수료를 합치면, 한 번 찾을 때마다 1만 원 가까운 수수료가 나가는 것이다. 또, 아르헨티나, 베네수엘라는 암달러 시장이 형성되면서, ATM에서 돈을 찾으면 공식환율이 적용되어 큰 손해를 본다. 따라서 달러를 많이 소지하는 게 부담스럽더라도 아르헨티나, 베네수엘라 여행에 드는 경비는 반드시 달러로 준비해서, 현지에서 환전하는 것이 경제적이다. 시티은행 현금카드는 콜롬비아/브라질을 제외한 나라에는 거의 쓸 수 없으니 남미만 여행한다면 별 필요가 없다.

✔ 교통편은 어떻게 이용할까?

남미는 철도가 발달하지 않아서 대부분 버스로 이동한다. 보통 한 도시에 도착한 직후에 다음 도시로 이동하는 버스표를 사면 된다. 다만 현지인과 휴가철이 겹치는 12~1월 중순, 부활절 연휴 기간에는 표 구하기가 힘들다. 따라서 앞으로 여행할 몇 개 구간의 티켓을 터미널에서 미리 사거나, 표가 없을 경우를 대비해 일정에 여유를 두는 것이 좋다. 12월 24일이나 12월 31일 같은 날에는 버스가 운행하지 않는 구간이 많다.

최성수기(12~2월) 파타고니아행 항공권은 구하기 어려우므로 최소 한두 달 전에 예약하는 것이 좋다. 항공권은 인터넷이나 여행사에서 구매할 수 있는데 출발일이 가까워지거나 성수기일수록 비싸다. 항공권 예약 및 버스 스케줄 확인은 아래 사이트를 참고하면 된다.

✅ 남미의 대표적인 항공사

나라	항공사	URL
페루	타카	www.taca.com
	란	www.lan.com
	스타페루	www.staperu.com
볼리비아	보아	www.boa.bo
	아마소나스	www.amaszonas.com
칠레	란	www.lan.com
	스카이	www.skyairline.cl
아르헨티나	란	www.lan.com
	아르헨티나항공	www.aerolineas.com
	라데	www.lade.com.ar
브라질	탐	www.tam.com.br
	골	www.voegol.com.br
	아술	www.voeazul.com.br
에콰도르/콜롬비아	아비앙카	www.avianca.com
	코파	www.copaair.com
	타메	www.tame.com.ec
멕시코	아에로멕시코	www.aeromexico.com
	인터젯	www.interjet.com
	볼라리스	www.volaris.com

✅ 남미의 대표적인 버스회사

나라	회사	URL
페루/볼리비아	크루즈 델 수르	www.cruzdelsur.com
	티티카카	www.titicacabolivia.com
칠레/아르헨티나	투르	www.turbus.cl
	풀만	www.pullman.cl
	안데스마르	www.andesmar.com
브라질	코메타	www.viacaocometa.com.br
콜롬비아	볼리바리아노	www.bolivariano.com.co
멕시코	아데오	www.ado.com.mx

☑ 어떻게 하면 안전하게 여행할 수 있을까?

우리나라에 비하면 치안이 불안하고 총기소유가 가능해서 강도 등 강력사건이 자주 일어난다. 하지만 기본적인 안전수칙만 잘 지키면 별문제 없이 여행이 가능하다.

숙소에 도착하면 현지 치안상태에 대해 먼저 알아보고, 밤 늦은 시간에 외출하거나 인적이 드문 곳에 가는 것은 피해야 한다. 그리고 어쩔 수 없이 나가게 된다면 안전한 택시를 이용하는 것이 좋다.

현금은 그날 쓸 정도만 소지하고 특히 여권/신용카드는 뺏기거나 분실할 경우 추가 피해가 생기기 때문에, 꼭 필요한 경우가 아니면 휴대하지 말아야 한다. 그리고 액세서리, 스마트폰, 카메라 등 고가의 제품은 길에서 최대한 노출하지 않는 게 좋다.

터무니없이 높은 환율을 제시하는 길거리 환전을 피하고, 개인이 불법으로 운영하는 허술한 '가짜 택시'는 타지 말아야 한다.

부록 2 남미 여행지 Best 11

남미는 세상 그 어떤 지역보다도 아름다운 자연을 만날 수 있는 곳이기 때문에, 남미 여행은 멋진 자연 풍경과 그 속에 파묻힌 조그만 마을을 찾아가는 것이 핵심이다. 그중 뽑아 본 Best of Best 11 모두 놓치기 아까운 곳이니 남미에 간다면 꼭 한 번 들러 보길!

✅ **Best 1 칠레 _ 토레스 델 파이네**
본문 102~109쪽

☑ Best 2 볼리비아 _ 우유니 사막
본문 58~63쪽

☑ Best 3 아르헨티나 _ 모레노 빙하
본문 120~125쪽

☑ **Best 4 페루 _ 와라스 산과 호수**
본문 12~17쪽

☑ **Best 5 베네수엘라 _ 카나이마 국립공원**
본문 244~251쪽

☑ **Best 6 칠레 _ 아타카마 사막**
　본문 75~82쪽

☑ **Best 7 볼리비아 _ 태양의 섬**
　본문 48~53쪽

☑ **Best 8 칠레 _ 푸콘**
본문 88~91쪽

☑ **Best 9 아르헨티나 _ 바릴로체**
본문 132~135쪽

351 목차 2_테마여행지 Best 11

▲ Best 11 환상결_체리피아열매
   본문 188~191쪽

▲ Best 10 에필로드_바르스
   본문 210~216쪽

밤의 102가지 매력

ⓒ박제영 2014

초 판 1쇄 발행 2014년 11월 1일
개정판 1쇄 발행 2019년 2월 22일

지은이 박제영

펴낸이 김정동
펴낸곳 도서출판 느린토끼

출판등록 2014년 7월 15일 제25100-2014-000043호
주소 (139-806) 서울시 노원구 동일로 183길 34, 1504호
전화 02-6224-6779
팩스 02-6442-0859
e-mail slowrabbitco@naver.com
블로그 http://slowrabbitco.blog.me

기획 강남기 편집 김기석 디자인 명왕성 miyo_b@naver.com

값 15,000원
ISBN 979-11-953250-1-6 13950

「이 도서의 국립중앙도서관 출판시도서목록(CIP)은 서지정보유통지원시스템 홈페이지(http://seoji.nl.go.kr)와 국가자료공동목록시스템(http://www.nl.go.kr/kolisnet)에서 이용하실 수 있습니다. (CIP제어번호 : CIP2014028579)」

● 잘못된 책은 구입하신 곳에서 바꾸어 드립니다.
● 저자와 출판사의 허락 없이 내용의 일부를 인용, 발췌하는 것을 금합니다.
● 느린토끼 독자 여러분의 다양하고 창의적인 원고를 항상 기다리고 있습니다. 보내실 곳 slowrabbitco@naver.com